Jack Widman

Funktionale Programmierung verstehen

Konzepte und Entwurfsmuster für guten Code

Mit einem Python-Special von Torsten T. Will

Liebe Leserin, lieber Leser,

die funktionale Programmierung hat Fans, und das Versprechen ist groß. Robusten Code schreiben, der mit wenig Risiko verändert werden kann, kurz und elegant – wer wollte das nicht? Wenn man OOP gewohnt ist, kann allerdings allein schon die Idee, auf veränderliche Variable zu verzichten, ausgesprochen seltsam wirken.

Funktionale Programmierung kann sehr gut auch in einem OOP-Umfeld genutzt werden. Nur sind die Konzepte dahinter nicht gerade allesamt trivial. Da empfiehlt es sich, die produktive Arbeit einmal kurz beiseite zu legen, sich in Lehrbeispiele zu vertiefen und das Umdenken zu erproben.

Deshalb haben wir von vielen Büchern, die einen Einstieg bieten, gerade dieses zur Übersetzung ausgesucht. Es legt Wert auf Grundlegendes und macht sogar vor etwas Mathematik nicht Halt – die Sie aber überspringen dürfen.

Die meisten Codebeispiele sind in Scala geschrieben, weil diese Sprache funktionale Konzepte gut unterstützt und leicht gelesen werden kann. Sie können das Buch nutzen, ohne selbst mit Scala arbeiten zu wollen. Für alle »Pythonians« haben wir einen »Python-Special« mit übersetzten Codebeispielen und einigen Extra-Tipps.

In der Originalausgabe hat es leider so mancher Flüchtigkeitsfehler ins Buch geschafft – hier in der deutschen Ausgabe sind sie korrigiert. Um unsere Bücher immer besser zu machen, ist uns Feedback wichtig. Wie hat es Ihnen gefallen? Haben Sie Fragen, Vorschläge oder Kritik? Dann freue ich mich über eine Mail.

Viel Spaß mit der funktionalen Programmierung!

Ihre Almut Poll
Lektorat Rheinwerk Computing

almut.poll@rheinwerk-verlag.de
www.rheinwerk-verlag.de
Rheinwerk Verlag · Rheinwerkallee 4 · 53227 Bonn

Auf einen Blick

Wir hoffen, dass Sie Freude an diesem Buch haben und sich Ihre Erwartungen erfüllen. Ihre Anregungen und Kommentare sind uns jederzeit willkommen. Bitte bewerten Sie doch das Buch auf unserer Website unter **www.rheinwerk-verlag.de/feedback**.

An diesem Buch haben viele mitgewirkt, insbesondere:

Lektorat Almut Poll
Übersetzung Isolde Kommer, Großerlach
Herstellung Nadine Preyl
Typografie und Layout Vera Brauner
Einbandgestaltung Bastian Illerhaus
Satz SatzPro, Krefeld, gesetzt aus der TheAntiquaB (9,35/13,7 pt) in FrameMaker
Druck Beltz Grafische Betriebe, Bad Langensalza

Dieses Buch wurde mit mineralölfreien Farben auf chlorfrei gebleichtem und FSC®-zertifiziertem Offsetpapier (90 g/m²) gedruckt.

Der Umwelt zuliebe wurde auf die Einschweißfolie verzichtet.

Hergestellt in Deutschland.

Bibliografische Information der Deutschen Nationalbibliothek:
Die Deutsche Nationalbibliothek verzeichnet diese Publikation in der Deutschen Nationalbibliografie; detaillierte bibliografische Daten sind im Internet über *http://dnb.dnb.de* abrufbar.

ISBN 978-3-8362-9868-1

1. Auflage 2024

Informationen zu unserem Verlag und Kontaktmöglichkeiten finden Sie auf unserer Verlagswebsite **www.rheinwerk-verlag.de**. Dort können Sie sich auch umfassend über unser aktuelles Programm informieren und unsere Bücher und E-Books bestellen.

Inhalt

Anhang 129

Vorwort

Die funktionale Programmierung (FP) hat in den letzten Jahren an Popularität gewonnen. Viele Unternehmen suchen FP-versierte Entwicklerinnen und Entwickler, da auch Sprachen, die ursprünglich nicht für die funktionale Programmierung konzipiert waren, im Laufe der Zeit funktionale Merkmale angenommen haben. Dazu zählen zum Beispiel Java, JavaScript, Python und andere. Die Nachfrage beruht teilweise auf einer wahrgenommenen Verbesserung des Entwicklungsprozesses – anscheinend verspricht der funktionale Ansatz wenige Fehlern und einen erweiterbaren und robusten Code. Ob das stimmt oder nicht – und ob ein größerer Anteil des in den nächsten Jahren geschriebenen Codes funktional sein wird –, muss sich noch zeigen. Im Moment sollten wir die funktionale Programmierung als eines von mehreren Paradigmen mit jeweils ihren eigenen Stärken und Schwächen ansehen.

Für wen ist dieses Buch geeignet?

Dieses Buch richtet sich an alle Entwicklerinnen und Entwickler, unabhängig von ihrem Kenntnisstand in der funktionalen Programmierung. Sowohl Neulinge als auch erfahrene FP-Programmiererinnen werden nützliche Informationen finden. Das Buch behandelt die kategorientheoretischen Grundlagen der funktionalen Programmierung, die in anderen Büchern oft nicht thematisiert werden. Auch wenn Sie bereits Erfahrung mit FP haben, aber Ihr Verständnis der zugrunde liegenden Konzepte und Theorien vertiefen möchten, werden Sie viel Nützliches in diesem Buch finden.

Wie ist dieses Buch aufgebaut?

Dieses Buch zeigt anhand verschiedener Programmiersprachen, wie funktionale Konstrukte unseren Code verbessern können. Für die Codebeispiele wird jedoch häufig Scala verwendet, da funktionale Konzepte in dieser Sprache besonders leicht ausgedrückt werden können.

Sie werden die Konzepte der funktionalen Programmierung leichter erlernen und begreifen, wenn sie auf natürliche Weise ausgedrückt werden, und genau das ermöglicht Scala. Eine kleine Einführung in Scala finden Sie in Anhang A, »Scala«.

Kapitel 1
Was ist funktionale Programmierung?

Funktionale Programmierung mag auf den ersten Blick durch Begriffe wie *Funktoren*, *Monoide* und *Monaden* abschreckend wirken, besonders wenn Mathematik nicht zu Ihren Hauptinteressen zählt. Doch keine Sorge, um sich mit FP auseinanderzusetzen, bedarf es keiner mathematischen Expertise.

Die Grundprinzipien der funktionalen Programmierung sind leicht verständlich, solange sie in einer klaren und geradlinigen Art präsentiert werden. Genau das ist das Anliegen dieses Buchs: eine verständliche und praxisnahe Einführung in funktionale Programmierung zu bieten. Vor allem werde ich Ihnen beibringen, wie wir in der funktionalen Programmierung *denken*. Doch warum sollten Sie sich überhaupt mit funktionaler Programmierung befassen?

Stellen Sie sich vor, es ist 22:00 Uhr, und Sie stecken komplett fest beim Versuch, einen Fehler in einem Programm zu beheben, das Sie am nächsten Morgen liefern müssen. Der Fehler hat offenbar mit einer Variablen namens `ratio` zu tun. Das Problem ist, dass sich der Wert dieser Variablen ständig ändert, abhängig vom Zustand des modellierten Systems – der Frust steigt.

Ein anderes Szenario: Die Deadline rückt näher, aber in Ihrem Microservice ist ein schwer nachvollziehbarer Fehler aufgetreten, den Sie ausfindig machen müssen. Das Problem scheint in zwei verschachtelten `for`-Schleifen zu liegen, in denen Variablen auf äußerst komplexe Weise manipuliert werden. Die Logik ist undurchschaubar, und die Lösung will sich einfach nicht zeigen. Hätten Sie doch nur eine Möglichkeit, Programme so zu schreiben, dass sich der Wert von Variablen nicht verändert! Hier kommt funktionale Programmierung ins Spiel.

Variablen, die häufig ihre Werte ändern, sind eine typische Quelle für Programmfehler. Es kann eine Herausforderung sein, den Wert einer solchen Variablen im Blick zu behalten, da er jederzeit mutieren kann.

Aber was genau ist funktionale Programmierung? Was unterscheidet eine funktionale Sprache von einer nicht funktionalen? Tatsächlich hängt dies gewissermaßen davon ab, wie weit Sie gehen möchten. Sie müssen nicht zwangsläufig alle Grundsätze der funktionalen Programmierung befolgen. Der eine Programmierer wird versuchen, alle Prinzipien zu befolgen, die andere Entwicklerin wird sich etwas aussuchen. Das bleibt ganz Ihnen überlassen. Funktionale Programmierung ist ein Paradigma, eine Herangehensweise ans Programmieren – eine Art und Weise, die Welt zu analysieren und in Form von Code wieder zusammenzusetzen. Dies betrifft einerseits die Art, wie wir das zu modellierende Universum organisieren, und andererseits unsere Herangehensweise an die Codestrukturierung.

Um das Wesen der funktionalen Programmierung besser zu verstehen, ist es hilfreich, sie im Vergleich mit der imperativen Programmierung und der objektorientierten Programmierung (OOP) zu betrachten. Es existieren weitere Programmierparadigmen, wie etwa die logische Programmierung, aber die genannten drei sind zweifellos die bekanntesten.

Imperative Programmierung stellt die älteste Form dar – die Programmierung vor dem Aufkommen der objektorientierten und der funktionalen Programmierung. Bei der imperativen Programmierung schreiben Sie Funktionen oder Prozeduren, verwenden `for`- und `while`-Schleifen und arbeiten häufig mit Zustandsänderungen. Sprachen wie C oder Pascal sind typische imperative Programmiersprachen. Ein weiteres Paradigma ist die objektorientierte Programmierung (OOP), die derzeit am weitesten verbreitet ist. Hierbei wird die Realität als Ansammlung von Objekten abgebildet. Jedes dieser Objekte besitzt einen eigenen Zustand sowie Methoden, also Aktionen, die ein spezifisches und objektspezifisches Verhalten repräsentieren. Während der Laufzeit des Programms kann sich der Zustand der Objekte ändern. Ein wesentlicher Vorteil dieses Ansatzes ist die Kapselung, wodurch der Zustand und die Methoden eines Objekts auf Codeebene innerhalb des Objekts gebündelt sind. Diese Herangehensweise ist weitaus sinnvoller als die Verteilung des Zustands über den gesamten Code, da die Verwaltung eines variablen Zustands problematisch sein kann. Die Manipulation zahlreicher Variablen, deren Werte sich verändern, erweist sich hierbei als Herausforderung. Im Gegensatz dazu versucht die funktionale Programmierung, veränderbare Zustände zu minimieren oder gänzlich zu umgehen.

Ein grundlegendes Prinzip der funktionalen Programmierung besteht also darin, Zustandsänderungen zu *vermeiden*, statt sie zu *verwalten*.

Dennoch ist es nicht immer möglich, komplett auf Zustandsveränderungen zu verzichten. Daher folgt der typische Ansatz in der funktionalen Programmierung dem Konzept, den Codeabschnitt zu isolieren, der für Zustandsänderungen verantwortlich ist. Falls es nicht möglich ist, sämtliche Zustandsänderungen zu umgehen, besteht zumindest die Möglichkeit, den Code, der solche Veränderungen bewirkt, an einer zentralen Stelle zu bündeln.

1.1 Unveränderlichkeit

Der wichtigste Aspekt in der funktionalen Programmierung ist die *Unveränderlichkeit*. Elemente, die wir nicht in irgendeiner Weise verändern können, gelten als unveränderlich. In der funktionalen Programmierung manifestiert sich diese Unveränderlichkeit auf verschiedene Weisen. Einmal festgelegt, kann der Wert einer Variablen nicht mehr modifiziert werden. Wenn beispielsweise die Variable `x` zu Beginn eines Programms den Wert `3` aufweist, wird dieser für die gesamte Dauer des Programmlaufs beibehalten. Doch bedeutet das, dass wir im funktionalen Programmierstil keine Möglichkeit haben, Veränderungen wie beispielsweise das Älterwerden einer Person darzustellen? Keineswegs – diese Vorstellung wäre schlicht absurd. Es existieren Techniken, die es uns ermöglichen, den Code zu manipulieren, ohne dabei den Zustand zu verändern.

Betrachten Sie diese einfache `for`-Schleife in Java, die die Zahlen 0 bis 99 ausgibt:

```
for (int i = 0; i < 100; i++) {
    System.out.println( i );
}
```

Listing 1.1 »for«-Schleife in Java

Solche Codekonstrukte sind alltäglich. Möglicherweise fragen Sie sich, wie wir sie auf eine unveränderliche Art ausdrücken können. Offensichtlich liegt der Kern dieses Codes in der Veränderung des Werts der Variablen `i`. Ein gängiger Ansatz in der funktionalen Programmierung ist die Verwendung rekursiver Funktionen – also von Funktionen, die sich selbst aufrufen. Den zuvor gezeigten Code könnten Sie in eine Funktion packen und diese in jeder Iteration für den nächsten Wert von `i` aufrufen. Ein Beispiel dazu:

```
void f(int i) {
    if (i > 99) {
        return;
    }
    else {
        System.out.println( i)
        return f(i+1)
    }
}
f(0)
```

Listing 1.2 Rekursion statt Schleife (Java)

Dieser Code mag zwar etwas ausführlicher sein, doch es erfolgt keine Zustandsveränderung. Wenn Sie bereits ein gewisses Verständnis für funktionale Programmierung besitzen, wissen Sie möglicherweise, dass der Rückgabetyp `void` ein eindeutiger Hinweis auf *Nebeneffekte* ist.

Tipp: nach »void« Ausschau halten

In der funktionalen Programmierung sollten alle Funktionen einen Wert zurückgeben. `void` ist ein sicheres Zeichen für Nebeneffekte.

Zu den Nebeneffekten zählt jegliche Aktivität, die das Programm außerhalb der Funktion beeinflusst – das Schreiben in eine Datei, das Auslösen einer Ausnahme oder die Modifikation einer globalen Variable. Das vorige Codebeispiel veranschaulicht eine Methode, um den Einsatz von zustandsverändernden Operationen zu umgehen. Während Ihrer gesamten Programmierkarriere haben Sie vermutlich Zustandsveränderungen vorgenommen, die Ihnen womöglich unverzichtbar erschienen. Allerdings sollten Sie Folgendes bedenken:

- Das Mutieren von Zuständen fühlt sich sehr natürlich an.
- Zustandsänderungen sind eine der Hauptursachen für komplexe Code-Strukturen.

Die erfreuliche Nachricht lautet: Mit ausreichender Übung und Erfahrung wird Ihnen der Ansatz der funktionalen Programmierung genauso vertraut erscheinen wie andere Programmierparadigmen.

Betrachten wir eine weitere Technik zur Vermeidung von Zustandsänderungen. Angenommen, Sie haben ein Objekt mit einer Eigenschaft oder einem Feld, das sich verändert. Die Frage ist nun, wie Sie diese Situation modellieren können, ohne eine Variable im Code zu modifizieren. Betrachten wir zunächst ein Beispiel in Java:

```
public class Person {
    private final String name;
    private final int age;

    public Person(String name, int age) {
        this.name = name;
    this.age = age;
    }

    public static void main(String[] args) {
        Person person = new Person("Carl", 32);
```

```
        //Ein Jahr vergeht
        Person changedPerson = new Person("Carl", 33);
        System.out.println(changedPerson);
    }
}
```

Listing 1.3 Beispiel: Zustandsänderung vermeiden in Java

In der fettgedruckten Zeile sehen Sie: Statt den Wert des Alters im Objekt Person zu ändern, erzeugen wir ein neues Objekt und initialisieren den neuen Wert für age im Konstruktor.

Sehen wir uns nun ein Python-Beispiel an:

```
class Person:
    def init(self,name,age):
        self.name = name
        self.age = age

    def main():
        person = Person("John",22)
    #Ein Jahr vergeht
    changedPerson = Person("John",23)
```

Listing 1.4 Das gleiche Beispiel in Python

Python-Special

Mehr zu unveränderlichen Datentypen und diesem Listing finden Sie in Abschnitt B.1.

Ein Jahr vergeht, und das muss sich im Person-Objekt widerspiegeln. Doch wir sind nicht in der Lage, den Wert von age zu modifizieren. Daher erschaffen wir ein weiteres unveränderliches Objekt, in dem die Variable age mit 23 initialisiert wird.

Sehen wir uns ein Beispiel in Scala an:

```
case class Person(name: String, age: Int)
val person = Person("Katherine", 25)
val changedPerson = person.copy(age=26)
```

Listing 1.5 Das gleiche Beispiel in Scala

- **Zeile 1:** Eine case-Klasse wird deklariert.

- **Zeile 2:** Eine Instanz der Klasse wird erzeugt.
- **Zeile 3:** Eine neue `Person`-Instanz wird erstellt und das Alter auf `26` initialisiert. Dabei erfolgt keinerlei Zustandsveränderung.

Unveränderlichkeit stellt einen der wichtigsten Aspekte der funktionalen Programmierung dar. Die Existenz zahlreicher veränderlicher Zustände in einem Programm führt oft zu einer Vielzahl von Fehlern. Es gestaltet sich schwierig, den Überblick über all die sich wandelnden Werte zu behalten. In diesem Abschnitt haben wir einige Beispiele betrachtet, wie Sie die offensichtliche Anforderung der Zustandsveränderung umgehen können. Zugegeben, diese Herangehensweisen mögen anfangs ungewohnt sein, doch mit ausreichender Übung werden sie Ihnen vielleicht sogar ganz natürlich erscheinen.

1.2 Referenzielle Transparenz

Der nächste entscheidende Grundsatz der funktionalen Programmierung ist die *referenzielle Transparenz*. Ein Ausdruck ist dann referenziell transparent, wenn er an beliebiger Stelle im Code durch seinen Wert ersetzt werden kann. Bei einem ersten Blick auf diese Definition mag es so wirken, als ob dies immer möglich sei. Doch betrachten wir ein einfaches Beispiel einer nicht referenziell transparenten Funktion:

```
today()
```

Listing 1.6 Eine nicht referenziell transparente Funktion in Java

Wenn wir diese Funktion aufrufen und den 29. Dezember 2023 als Ergebnis erhalten, diesen Wert dann im Code einsetzen und die Funktion morgen erneut aufrufen, erhalten wir eine unrichtige Antwort. Infolgedessen ist die Funktion `today` nicht referenziell transparent.

Weitere Beispiele für nicht referenzielle Transparenz sind

- eine Funktion, die eine Zufallszahl zurückgibt – ihr Funktionskörper kann nicht durch einen konstanten Wert ersetzt werden, da dieser nicht vorherbestimmt werden kann,
- eine Funktion, die eine Ausnahme wirft – Ausnahmen werden in der funktionalen Programmierung normalerweise vermieden, worauf ich später eingehen werde.

Wenn wir uns komplett von nicht referenziell transparenten Funktionen distanzieren (und dies ist unser Ziel), scheinen uns möglicherweise gewisse wertvolle Möglichkeiten abhandenzukommen – wir können dann vielleicht bestimmte nützliche Konzepte nicht mehr ausdrücken. Seien Sie versichert, dass die funktionale Programmierung Mechanismen bereithält, um diese Konzepte oder Ideen dennoch auszudrücken.

Ein verwandter Begriff aus der Literatur über funktionale Programmierung ist die *Reinheit*. Leider herrscht eine gewisse Verwirrung über die Verbindung zwischen Reinheit und referenzieller Transparenz. Zudem existiert keine allgemeingültige Definition dieser Termini. Im Allgemeinen bezeichnen wir eine Funktion als rein, wenn sie frei von jeglichen Nebeneffekten ist und für eine bestimmte Eingabe stets dieselbe Ausgabe generiert. Das bedeutet, wenn die Eingabe x ist und die Ausgabe y, wird die Funktion bei jeder Anwendung mit x als Eingabeparameter stets y liefern. Ein Nebeneffekt ist jede Aktivität außerhalb des Funktionskontexts – Beispiele hierfür sind Schreibvorgänge in Dateien oder das Auslösen von Ausnahmen. Ignorieren wir für den Moment das Schreiben in Dateien (und das Auslösen von Ausnahmen ist meist unnötig) und stellen wir uns vor, wie vorteilhaft es wäre, stets dieselbe Ausgabe zu erhalten, ohne dass sich etwas außerhalb der Funktion verändert, wenn wir die Funktion mit denselben Eingabeparametern aufrufen. Genau *das* stellt eine der Errungenschaften der funktionalen Programmierung dar.

In der funktionalen Programmierung streben wir danach, nur reine Funktionen zu verwenden – Funktionen ohne Nebeneffekte, die jedoch die Eigenschaft besitzen, bei identischer Eingabe stets die gleiche Ausgabe zu liefern.

Da es unterschiedliche Interpretationen gibt und die Unterscheidung zwischen referenzieller Transparenz und Reinheit sehr subtil sein kann, behandle ich die beiden Konzepte als gleichbedeutend.

Wie bereits erwähnt, benötigen Sie kein Mathematikstudium, um funktionale Programme zu erstellen. Dennoch ist die funktionale Programmierung in der Mathematik verwurzelt – konkret in den Bereichen Lambda-Kalkül und Kategorientheorie. Die Kategorientheorie steht in enger Verbindung zu Funktionen, und in der Mathematik sind Funktionen rein. Wenn Sie als Programmierer oder Programmiererin einen Ausdruck wie $x = x + 1$ betrachtet, denken Sie: »Ah, der Variablenwert wird erhöht.« Eine Person, die Mathematik betreibt, hingegen sagt: »Nein, das stimmt nicht.«[1]

Wie sieht nun eine unreine Funktion aus?

```
@main def impure():Unit =
  def impureFunction(x: Int): Int =
      import scala.util.Random
      return Random.nextInt(100) + x
```

1 Das war ein Scherz, aber ich habe diese Reaktionen tatsächlich einmal erlebt.

```
println(impureFunction(5))
println(impureFunction(8))
```

Listing 1.7 Eine unreine Funktion in Scala

Die beiden Aufrufe dieser Funktion würden höchstwahrscheinlich auch für denselben Eingabewert unterschiedliche Ausgabewerte liefern. Diese Funktion ist nicht rein. Wie bereits erwähnt, sind mathematische Funktionen rein, und die Programmierung hat von diesem mathematischen Ansatz stark profitiert. Funktionale Programme zeichnen sich durch Klarheit, Reinheit und Eleganz aus. Der Stil der funktionalen Programmierung mag anfangs etwas gewöhnungsbedürftig erscheinen, jedoch werden wir im Verlauf dieses Buchs schrittweise die fundamentalen Konzepte der funktionalen Programmierung durchgehen. Mit der Zeit werden Sie lernen, wie ein funktionaler Programmierer oder eine funktionale Programmiererin zu denken. Ihre Funktionen werden rein sein, Ihr Code wird klarer und sauberer.

Der bedeutendste Vorteil der funktionalen Programmierung liegt jedoch in robusteren und zuverlässigeren Programmen.

An dieser Stelle möchte ich einen wichtigen Punkt ansprechen. Funktionale Programmierung bedeutet nicht einfach das Fehlen bestimmter Merkmale aus der imperativen oder objektorientierten Programmierung. Sie stellt eine besondere Herausforderung dar, da es oft schwierig ist, alle Problemstellungen in der Softwareentwicklung auf funktionale Art auszudrücken. Die Schöpfer der funktionalen Programmierung haben Techniken entwickelt, um funktionale Lösungen für diese Anforderungen zu finden.

1.3 Funktionen höherer Ordnung

In der funktionalen Programmierung stehen Funktionen im Mittelpunkt; wir behandeln sie vorrangig. Das bedeutet, dass wir sie als Argument an andere Funktionen übergeben können und auch als Rückgabewert aus Funktionen erhalten können. Ich möchte erklären, warum Funktionen höherer Ordnung einen bedeutsamen Teil der funktionalen Programmierung darstellen. Ein Hauptziel der funktionalen Programmierung besteht darin, die Essenz der Aufgabenstellung herauszuarbeiten. Das bedeutet, dass wir in der Lage sein sollten, Konzepte in unserer Sprache präzise auszudrücken. Wenn wir zum Beispiel beabsichtigen, jedes Element einer Liste von Ganzzahlen zu quadrieren, sollten wir nicht durch eine Schleife gehen und jedes Element einzeln quadrieren müssen. Stattdessen sollten wir in der Lage sein, eine `square`-Funktion direkt auf jedes Element der Liste gleichzeitig anzuwenden. In vielen Sprachen ermöglicht dies die Verwendung der map-Funktion. Mit ihr können wir auf einer abstrakteren Ebene arbeiten, die den Konzepten einer Funktion höherer Ordnung entspricht. Dieses Thema wird im weiteren Verlauf des Buchs noch sehr wichtig.

Hier ein imperativer Ansatz:

```
def square(nums):
    squared = []
    for i in nums:
        squared.append(i*i)
    return squared
```

Listing 1.8 Eine Liste bearbeiten, imperativer Ansatz (Python)

Python-Special

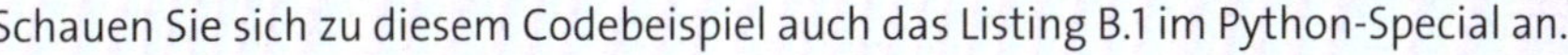

Schauen Sie sich zu diesem Codebeispiel auch das Listing B.1 im Python-Special an.

Und ein funktionaler Ansatz:

```
def square(nums):
    return map(lambda n: n*n, nums)
```

Listing 1.9 Eine Liste bearbeiten, funktionaler Ansatz (Python)

Wie im Abschnitt 2.2.1 gezeigt wird, ist lambda eine Möglichkeit, eine *anonyme Funktion* zu erstellen – eine namenlose Funktion, die direkt und ohne vorherige Definition verwendet wird. Die map-Funktion erlaubt die Anwendung einer Funktion auf jedes Element einer Liste.

1.4 Lazy Evaluation

Eine weitere Komponente der funktionalen Programmierung ist die *Lazy Evaluation*, auch *verzögerte Auswertung* oder *Bedarfsauswertung*. Dies bedeutet einfach, dass ein Ausdruck erst dann ausgewertet wird, wenn seine Auswertung tatsächlich erforderlich ist. Obwohl dies streng genommen nicht zwingend nötig ist, um eine Sprache als funktional zu bezeichnen, tendieren naturgemäß viele funktionale Sprachen dazu, dieses Prinzip der verzögerten Auswertung zu verwenden. Ein gutes Beispiel hierfür ist die Programmiersprache Haskell, die standardmäßig die Lazy Evaluation nutzt und als prototypische funktionale Programmiersprache angesehen werden kann. Haskell wurde von einem wissenschaftlichen Team entwickelt und geht keinerlei Kompromisse hinsichtlich funktionaler Prinzipien ein. Die meisten verbreiteten Programmiersprachen verwenden im Gegensatz dazu die sogenannte *Eager Evaluation*, bei der Ausdrücke sofort ausgewertet werden, sobald sie im Code auftreten. Der folgende Aspekt veranschaulicht die Vorteile der Lazy Evaluation:

Stellen Sie sich vor, Sie möchten Ihre eigene Version der if-Anweisung definieren. Nennen wir diese Funktion `myIf`. Möglicherweise möchten Sie jedem Aufruf der `if`-Anweisung eine Protokollierungszeile hinzufügen. Beim folgenden Versuch könnten Sie jedoch auf ein Problem stoßen:

```
def myIf(condition: Boolean, thenAction: => Unit, elseAction: => Unit): Unit =
    if (condition)
            thenAction
    else elseAction
```

Listing 1.10 Scala

Erkennen Sie das Dilemma? In Programmiersprachen mit *Eager Evaluation*, wie sie in den meisten Fällen üblich ist, erfolgt zuerst die Auswertung aller Argumente eines Funktionsaufrufs. Im Falle von `myIf` werden sowohl die Anweisungen für den `then`-Zweig als auch für den `else`-Zweig ausgewertet, obwohl je nach Bedingung nur eine von beiden tatsächlich benötigt wird. Bei der Verwendung von Lazy Evaluation hingegen würde dieser Ansatz funktionieren. In solchen und ähnlichen Szenarien haben Sie die Möglichkeit, eigene Kontrollstrukturen zu entwerfen, die von der verzögerten Auswertung profitieren.

Lazy Evaluation und Eager Evaluation

Unter Eager Evaluation werden die Parameter einer Funktion sofort ausgewertet, sobald die Funktion aufgerufen wird. Im Gegensatz dazu erfolgt bei der Lazy Evaluation die Auswertung der Parameter erst dann, wenn ihre Ergebnisse tatsächlich benötigt werden.

Ein weiterer Vorteil ist die Performancesteigerung in bestimmten Situationen. Durch die Verwendung von lazy Code wird die Auswertung nur dann durchgeführt, wenn sie tatsächlich benötigt wird. Daher erfolgt die Auswertung oft seltener im Vergleich zur Eager Evaluation. Dies kann zur Beschleunigung des Programms beitragen.

In Scala haben wir die Möglichkeit, benannte Parameter zu verwenden. Im folgenden Codebeispiel werden `then` und `else` erst dann ausgewertet, wenn ihre Auswertung erforderlich ist. Anders ausgedrückt, die Auswertung erfolgt *lazily*. Der nachfolgende Code funktioniert wie erwartet:

```
def myIf(condition: Boolean, thenAction: => Unit, elseAction: => Unit): Unit =
    if (condition)
             thenAction
        else elseAction
```

Listing 1.11 Scala

Lazy Evaluation bietet uns also die Möglichkeit, unsere eigenen Versionen von Operatoren wie `if` oder `while` zu erstellen.

Zusammenfassung:

- Lazy Evaluation ermöglicht es Ihnen, die Kontrollflussstrukturen in Ihrem Code direkt zu definieren, anstatt sie als eingebaute Operatoren in der Sprache zu nutzen. Dank Lazy Evaluation müssen Kontrollflussstrukturen nicht zwangsläufig als Sprachkonstrukte implementiert werden. Stattdessen können Sie sie in Ihrem Code eigenständig definieren.
- Die Leistungsfähigkeit Ihres Programms kann verbessert werden.

1.5 Funktionale Denkweise

Der Fokus dieses Buchs liegt darauf, die Denkweise eines funktionalen Programmierers zu vermitteln. Obwohl es verschiedene Ansätze für die funktionale Programmierung gibt, haben sie dennoch einige grundlegende Aspekte gemeinsam. Beispielsweise werden in der funktionalen Programmierung Zustände nicht verändert. Das bedeutet, dass eine einmal gesetzte Variable niemals wieder verändert wird. Des Weiteren kommen in der funktionalen Programmierung häufig Funktionen höherer Ordnung zum Einsatz. Diese Funktionen akzeptieren andere Funktionen als Parameter und/oder geben selbst Funktionen als Rückgabewert zurück.

Muster

Um sich wirklich in die Denkweise eines funktionalen Programmierers hineinzuversetzen, sollten Sie eine Reihe von Idiomen oder Mustern kennenlernen, die funktionale Codestrukturen ermöglichen.

Es reicht nicht, lediglich zu wissen, dass Sie Variablen nicht mutieren sollten. Wenn Sie nicht wissen, wie Sie dieses Konzept umsetzen können, könnte die Implementierung von Unveränderlichkeit möglicherweise verwirrend erscheinen. Mit anderen Worten, funktionale Muster sind ein wesentlicher Bestandteil der funktionalen Programmierung.

Möglicherweise haben Sie gehört, dass Entwurfsmuster in der funktionalen Programmierung nicht so bedeutsam sind wie in der objektorientierten Programmierung. Dies ist ein Missverständnis. Richtig ist, dass der Begriff *Entwurfsmuster* (oder *Design Pattern*) im funktionalen Kontext etwas anderes bedeutet als die Entwurfsmuster der *Gang of Four*, die in dem Buch »Entwurfsmuster« von Erich Gamma et al. (Addison-Wesley) behandelt werden[2]. Die Gang-of-Four-Muster (wie Prototyp, Stellvertreter und Fliegengewicht) wurden im Rahmen der objektorientierten Programmierung entwickelt. Sie können zwar größtenteils im funktionalen Stil umgesetzt werden und sind für den Entwurf von Programmen nützlich, jedoch sind sie nicht unbedingt funktional. Man könnte sagen, die Gang-of-Four-Muster sind funktional neutral. Jedoch existiert eine separate, explizit funktionale Musterkategorie. Diese Entwurfsmuster, wie beispielsweise die Funktor- und Monaden-Muster, sind aus Ideen der Kategorientheorie abgeleitet. Wir werden uns in Kapitel 3, »Kategorientheorie und Entwurfsmuster«, genauer mit ihnen beschäftigen.

1.6 Die Vorteile der funktionalen Programmierung

Die Vorteile der funktionalen Programmierung werden immer deutlicher erkennbar. Sie unterstützt unser Bestreben nach fehlerfreiem – oder zumindest möglichst fehlerfreiem – Code. Doch wie erreichen wir dieses Ziel? Indem wir unsere Denkweise ändern und die Welt nicht mehr als Ansammlung von Objekten betrachten, von denen jedes seinen eigenen veränderlichen Zustand besitzt, sowie Prozessen, die diesen Zustand verändern. Durch diesen Perspektivwechsel erkennen wir den Zustand als Problemquelle.

Zustandsüberwachung

Veränderliche Zustände müssen wir überwachen, was zu erhöhtem Steuerungsaufwand und größerer Fehleranfälligkeit führt. Diese Probleme werden durch die funktionale Programmierung gelöst.

Der Mensch kann nur eine begrenzte Komplexität bewältigen – irgendwann beginnt er, fehlerhaften Code zu schreiben. Sie könnten nun einwenden: »Aber die Welt besteht nun einmal aus Objekten. Diese Objekte haben Zustände, und diese Zustände ändern

2 Gamma, E., Helm, R., Johnson, R., & Vlissides, J. (2014). *Entwurfsmuster: Elemente wiederverwendbarer objektorientierter Software*. mitp. ISBN: 978-3826697005.

sich im Laufe der Zeit! Daher ist es richtig, die Welt auf diese Weise zu modellieren. So ist eben die Realität!« Das stimmt – dennoch können wir beginnen, die Welt in funktionalen Konzepten zu erfassen (und zu modellieren). Aktuell ist es wichtig zu erkennen, dass wir tatsächlich noch nicht wissen, wie man fehlerfreie Software schreibt. Ich kenne einen Informatikprofessor, der seine Einführung in die Programmierung mit den Worten begann: »Die Menschheit weiß noch nicht, wie man programmiert.«

Das mag etwas dramatisch klingen, trifft jedoch ins Schwarze. In der Regel überschreiten Projekte ihr Budget und dauern wesentlich länger als ursprünglich geplant. Die Ursache ist ihre Komplexität. Programmieren ist die Kunst, Wissenschaft und Technik, mit dieser Komplexität umzugehen. Die funktionale Programmierung stellt uns Instrumente zur Verfügung, die es uns ermöglichen, die Komplexität zu reduzieren und zu kontrollieren. Zu diesen Werkzeugen gehören Unveränderlichkeit, referenzielle Transparenz und Funktionen höherer Ordnung, um nur einige zu nennen. Wenn Sie diese Instrumente beherrschen, schreiben Sie weniger fehleranfälligen Code.

1.6.1 Funktionale Programmierung kann die Produktivität steigern

Funktionale Programmierung ist also ein Programmierparadigma. Welche anderen Paradigmen gibt es?

Das wohl bekannteste ist die *objektorientierte Programmierung* oder *OOP*. Obwohl derzeit mehr Code im OOP-Stil existiert, ist bei vielen Entwicklerinnen und Entwicklern ein deutlicher Trend in Richtung funktionaler Programmierung zu erkennen. Die zukünftige Entwicklung bleibt abzuwarten. Es könnte sein, dass ein hybrider Ansatz, der beide Paradigmen verknüpft, zur Norm wird. Möglicherweise wird sich die funktionale Programmierung aber auch einer zunehmenden Beliebtheit erfreuen.

Wenn Sie beispielsweise bereits in Java, C#, C++ oder Python programmiert haben, sind Sie vermutlich mit der objektorientierten Programmierung vertraut. Hier wird die Welt als Ansammlung von Objekten modelliert, von denen jedes einen individuellen Zustand und ein eigenes Verhalten besitzt. OOP bringt zahlreiche Vorteile mit sich, wie Abstraktion, Kapselung und Vererbung. Trotz dieser klaren Vorzüge gehen jedoch oft ein hoher Kostenaufwand und Überstunden mit der Codeentwicklung einher. Vor dem Aufkommen der funktionalen Programmierung und der OOP gab es die imperative Programmierung. Zwar mag diese auf den ersten Blick der funktionalen Programmierung ähneln, jedoch wird bei genauerer Betrachtung deutlich, dass Zustände veränderlich, Funktionen nicht referenziell transparent sind und imperative Sprachen nicht zwangsläufig Funktionen höherer Ordnung einbeziehen. Beispiele für imperative Programmiersprachen sind C und Pascal.

Man könnte argumentieren, dass die besten Programmiererinnen und Programmierer unabhängig vom verwendeten Paradigma besseren Code produzieren – und das ist sicherlich wahr. Die Frage lautet jedoch: Wenn wir zwei gleich qualifizierte Personen haben, von denen eine nach objektorientiertem Ansatz und die andere nach funktionalem Ansatz arbeitet, wer wird dann produktiver sein? Dank der Klarheit, Leistungsfähigkeit und höheren Abstraktionsebene wird die Person, die funktionale Programmierung nutzt, wahrscheinlich schneller korrekteren Code erstellen können. Hiervon bin ich fest überzeugt.

1.6.2 Funktionale Programmierung macht Spaß!

Es gibt noch einen weiteren Grund für die Anwendung funktionaler Programmierung – und das ist vielleicht sogar der wichtigste: Sie macht Spaß.

Vom Glück der Abstraktion

Funktionale Programmierung macht Spaß, und das aus ganz speziellen Gründen: Sie dringt zum Kern der Probleme vor, fokussiert auf das Wesentliche und schenkt Ihnen mehr Zeit für die eigentliche Programmierung. Die Abstraktionsebene ist derart hoch, dass man das Gefühl hat, sich mit wirklich relevanten Konzepten zu beschäftigen, anstatt mit niedrigstufigen Details zu kämpfen, um die Funktionsweise der Maschine möglichst akkurat zu reproduzieren.

In gewisser Hinsicht ist die Entwicklung der Programmiersprachen vor allem eine Geschichte wachsender Abstraktionsebenen. Je höher die Ebene, desto leichter wird es, sich vor dem Umgang mit unzähligen Details zu bewahren. Funktionale Programmierung zeigt, dass Abstraktion nicht zwangsläufig komplex sein muss. Ja, die Lernkurve existiert – doch diese kann abgeflacht werden, wenn Sie den Übergang schrittweise vollziehen. Sollten Sie momentan in Sprachen wie Java, JavaScript oder Python programmieren, können Sie schrittweise Idiome, Strukturen und Praktiken einfließen lassen, um Ihren Code funktionaler zu gestalten. Durch aufmerksames Lesen dieses Buchs, das Studieren der Beispiele und das schrittweise Einbinden funktionaler Konzepte in Ihren Code werden Sie bald erhebliche Vorteile erlangen.

Programmiersprachen

Eventuell möchten Sie sich sogar mit Programmiersprachen beschäftigen, die das funktionale Paradigma besser unterstützen – dazu gehören Sprachen wie Scala, Clojure, F# und Haskell, um nur einige zu nennen.

1.6.3 Scala

Eine Anmerkung zu den Beispielen in diesem Buch: Ich präsentiere Beispiele in verschiedenen Programmiersprachen, um hervorzuheben, wie unterschiedliche Sprachen funktionale Konzepte umsetzen. Sie haben die Möglichkeit, funktionalen Code in verschiedenen Sprachen zu schreiben. Allerdings gestaltet sich dies je nach Sprache unterschiedlich einfach, wobei einige Sprachen Ihnen hierbei besonders entgegenkommen und daher besser geeignet sind. Eine solche Sprache ist Scala.

In Bezug auf Scala möchte ich zwei Dinge hervorheben:

- Scala ist eine äußerst ausdrucksstarke Sprache.
- Scala eignet sich hervorragend für die Erstellung funktionalen Codes.

Obschon ich auch Beispiele in Java, Python und C# zeige, überwiegt die Anzahl der Beispiele in Scala. Eine kurze Einführung in Scala finden Sie in Anhang A, »Scala«. Insbesondere für die Darstellung der Kategorientheorie erweist sich Scala als gut geeignet. Meiner Meinung nach ermöglicht eine Sprache wie Scala prägnantere funktionale Konstrukte, und oft lässt sich ein Konzept deutlicher vermitteln, wenn ich zeige, wie es in Scala umgesetzt wird. Hierfür hätte ich auch andere, mehr oder weniger funktionale Sprachen wie Haskell (sehr funktional), Clojure und Meta Language (ML) wählen können. Doch finde ich, dass die Klarheit und die Leichtigkeit, mit der funktionaler Code in Scala geschrieben werden kann, diese Sprache zu einer guten Wahl für viele Beispiele in diesem Buch machen.

Java und Scala

Falls Sie bisher Java verwendet haben und Interesse an funktionaler Programmierung haben, lohnt es sich, Scala auszuprobieren. Insbesondere bei neuen Projekten werden Sie es wahrscheinlich als nützlich, produktiv und angenehm empfinden.

Wie bereits erwähnt, enthält das Buch Beispiele in Scala, Java, Python und C#. Je tiefer wir jedoch in die funktionalen Konzepte eintauchen, desto sinnvoller ist die Verwendung von Scala, insbesondere wenn wir die etwas abstrakteren Prinzipien funktionaler Programmierung erkunden. Es gibt verschiedene Grade funktionaler Programmierung. Manche Sprachen sind teilweise funktional, während andere vollständig oder *rein funktional* sind, wie wir es ausdrücken.

Tabelle 1.1 bietet eine Übersicht über die in den Buchbeispielen verwendeten Sprachen im Hinblick auf funktionale und objektorientierte Programmierung. Obwohl ich keine Haskell-Beispiele im Buch zeige, habe ich diese Sprache aufgenommen, da sie ein Beispiel für eine rein funktionale Programmiersprache darstellt und sich gut für einen Vergleich eignet.

	Scala	Java	Python	C#	Haskell
unterstützt funktionale Programmierung	ja	teilweise	teilweise	teilweise	ja
unterstützt reine funktionale Programmierung	nein	nein	nein	nein	ja
unterstützt objektorientierte Programmierung	ja	ja	ja	ja	teilweise

Tabelle 1.1 Unterstützung funktionaler bzw. objektorientierter Programmierung in verschiedenen Sprachen

Hintergrund: Haskell

Haskell wurde als reine funktionale Sprache konzipiert. Einmal zugewiesene Variablenwerte können in Haskell nicht mehr geändert werden. Haskell weist eine Vielzahl weiterer funktionaler Eigenschaften auf, viele davon basieren auf Konzepten aus der Kategorientheorie. Eine Einführung in die Kategorientheorie erwartet Sie in Kapitel 3, »Kategorientheorie und Entwurfsmuster«.

1.7 Fazit

In diesem Kapitel haben Sie eine grundlegende Einführung in die wesentlichen Merkmale funktionaler Programmiersprachen erhalten. Im Verlauf dieses Buchs werden Sie eine vertiefte Auseinandersetzung mit diesen Merkmalen erfahren und verstehen, wie sich die fundamentalen Muster der funktionalen Programmierung darin abbilden.

Kapitel 2

Mathematische Grundlagen

In diesem Kapitel widme ich mich einigen Aspekte, die Sie kennen sollten (und vielleicht bereits kennen). Der Fokus liegt auf grundlegenden Fakten über Funktionen, sowohl aus Sicht der Mathematik als auch der Informatik. Falls Sie keine Auffrischung in diesem Bereich benötigen, können Sie das Kapitel überspringen und direkt mit Kapitel 3, »Kategorientheorie und Entwurfsmuster«, fortfahren.

2.1 Mengenlehre

Die Mengenlehre ist ein weites Gebiet. Für unsere Zwecke benötigen wir lediglich einige grundlegende Definitionen. Man könnte annehmen, dass die Mengenlehre eine spezifische Definition für eine Menge bereitstellt. Tatsächlich bleibt der Begriff *Menge* in der Mengenlehre eher unbestimmt, und wir betrachten ihn informell als eine Sammlung von Objekten. Wir können über die Menge der geraden Zahlen sprechen, über die Menge, die die Elemente 0, 1 und 2 enthält, oder auch über die Menge, die aus meiner Mutter und meinem Vater besteht – jede Vorstellung von einer Sammlung kann als Menge betrachtet werden. Auch wenn die Mengentheorie zwischen einer Menge und einer Klasse unterscheidet, ist dieser Unterschied für unser Buch nicht von Belang. Normalerweise bezeichnen wir Mengen mit Großbuchstaben wie A, B, C usw., und die in einer Menge enthaltenen Dinge werden schlicht als *Elemente* bezeichnet. Wenn jedes Element von Menge A auch in Menge B enthalten ist, sagen wir, dass A eine *Teilmenge* von B ist, wie in Abbildung 2.1 dargestellt.

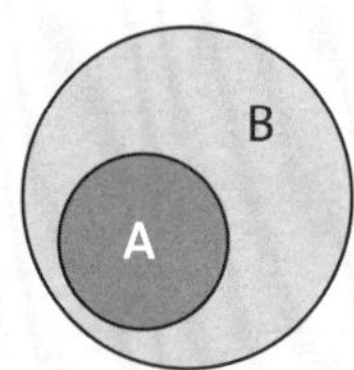

Abbildung 2.1 A ist eine Teilmenge von B.

Die *Schnittmenge* zweier Mengen ist die Menge, die alle Elemente enthält, die sowohl in Menge A als auch in Menge B enthalten sind, wie Abbildung 2.2 illustriert.

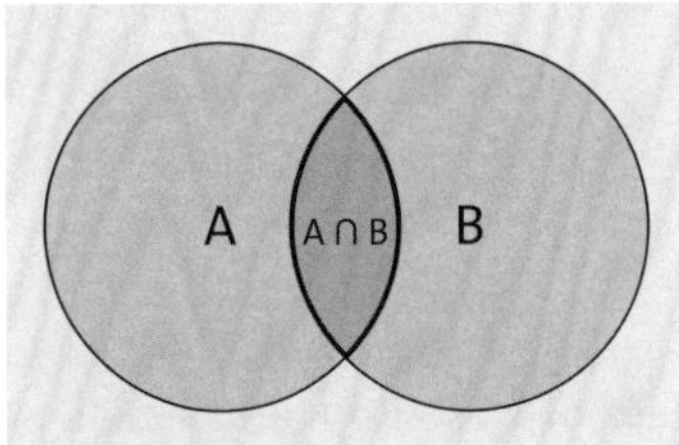

Abbildung 2.2 Die Schnittmenge von A und B

Die Vereinigungsmenge von Menge A und Menge B enthält alle Elemente, die in Menge A oder in Menge B enthalten sind (siehe Abbildung 2.3).

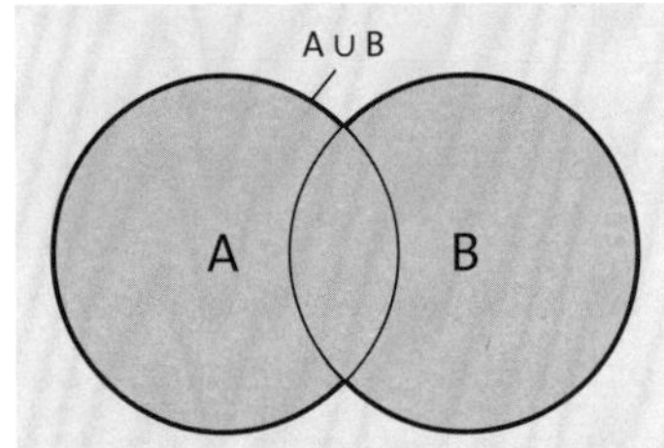

Abbildung 2.3 Die Vereinigungsmenge von A und B

2.1.1 Funktionen

In einfachen Worten ausgedrückt, ist eine Funktion eine Regel, die Elemente aus einer bestimmten Menge mit Elementen aus einer anderen Menge verknüpft. Diese Regel stellt eine eindeutige Zuordnung zwischen den Elementen der beiden Mengen her. Ein einfaches mathematisches Beispiel hierfür ist die Quadratfunktion für Ganzzahlen. Diese Funktion ordnet jeder Ganzzahl ihr Quadrat zu: Die Zahl 1 wird auf 1 abgebildet, 2 auf 4, 3 auf 9 usw. Weiterhin wird –1 auf 1 abgebildet, –2 auf 4 und so weiter. Dabei wird deutlich, dass eine Funktion zwei verschiedene Werte auf denselben Wert abbilden kann. Umgekehrt ist dies jedoch nicht möglich: Ein Element kann nicht auf zwei verschiedene Elemente abgebildet werden. Funktionen stehen in direktem Zusammenhang mit Mengen.

Definitions- und Wertebereich

Eine Funktion wird für eine Gruppe von Elementen definiert, wobei der mathematische Begriff für diese Gruppe »Menge« ist. Die Gesamtheit der Elemente, für die die Funktion definiert ist, wird *Definitionsbereich* (engl. *domain*, dt. etwas fachsprachlicher auch *Definitionsmenge*) der Funktion genannt. Ein bedeutender Aspekt in diesem Kontext besteht darin, dass wir bei der Formulierung einer Funktion, wie zum Beispiel einer quadratischen Funktion, verschiedene Mengen als Definitionsbereich wählen können. Beispielsweise könnten wir alle positiven Ganzzahlen oder alle Ganzzahlen, einschließlich positiver und negativer, als mögliche Domänen festlegen. Auch wenn beide Optionen durch dieselbe quadratische Funktion definiert sind, handelt es sich dennoch um unterschiedliche Funktionen. Aus diesem Grund ist es stets wichtig, den Definitionsbereich einer Funktion explizit anzugeben.

Der *Wertebereich* (eng. *range*, dt. auch *Wertemenge*) einer Funktion hingegen repräsentiert die Menge aller Werte, auf die die Elemente aus dem Definitionsbereich abgebildet werden. In dem vorherigen Beispiel der quadratischen Funktion, bei der der Definitionsbereich aus allen Ganzzahlen besteht, wäre der Wertebereich die Menge aller Ganzzahlen, die das Quadrat einer anderen ganzen Zahl sind. Dies bedeutet, dass im Wertebereich ausschließlich positive Ganzzahlen vorkommen, da das Quadrat einer Ganzzahl entweder 0 oder eine positive Ganzzahl ist.

Jede Funktion hat einen Definitions- und einen Wertebereich. Der Definitionsbereich wird festgelegt, der Wertebereich wird durch die Abbildungsvorschrift der Funktion bestimmt. Dies lässt sich anhand folgenden Beispiels verdeutlichen:

```
f: A -> B
```

Hier könnte ich sagen: »*f* ist eine Funktion von *A* nach *B*.« Alternativ wäre auch diese Formulierung möglich: »*f* ist eine Funktion mit dem Definitionsbereich *A* und dem Wertebereich *B*.« In diesem Zusammenhang ist klar, dass der Wertebereich *B ist*. In manchen Situationen sagt man jedoch eher: »*f* ist eine Funktion von *A* nach *B*.« Hierbei kann der Wertebereich eine *Teilmenge* von B sein. Mit anderen Worten, jedes Element aus A wird einem Element aus B zugeordnet, aber *nicht* jedes Element aus B wird zwangsläufig durch ein Element aus *A* abgedeckt. In diesem Szenario ist *A* der Definitionsberich, und *B enthält* den Wertebereich. Der Bereich *B* wird in diesem Fall auch als *Zielbereich* (engl. *Co-Domain*) bezeichnet.

Für die Formulierung

```
f: A -> B
```

ist bekannt, dass der Wertebereich eine Teilmenge (eventuell die gesamte Menge) von *B* ist, wie in Abbildung 2.4 veranschaulicht wird.

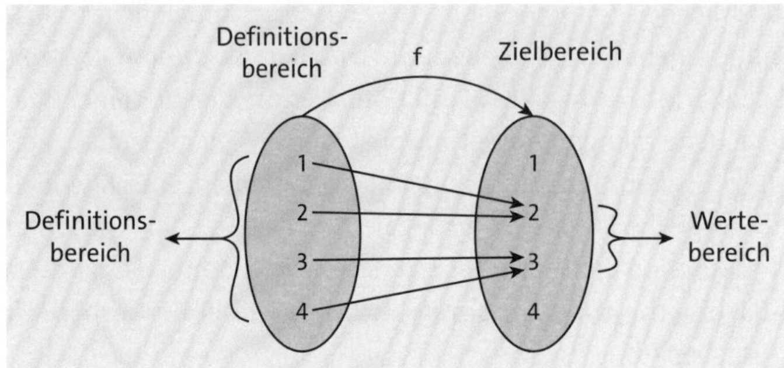

Abbildung 2.4 Darstellung des Definitions- und des Wertebereichs einer Funktion

Definitions- und Wertebereich einer Beispielfunktion

Lassen Sie uns die Funktion *f* als *Betragsfunktion* (auch *Absolutwertfunktion*) definieren, deren Definitionsbereich aus sämtlichen Ganzzahlen besteht. Betrachten wir beispielsweise die Zahl –3 und ordnen ihr ihren Betrag zu, also 3. Ziehen wir die folgende Funktion in Betracht:

```
abs: Z -> Z
```

Hierbei repräsentiert Z die Menge der Ganzzahlen. Wesentlich ist, dass der Absolutwert jeder Ganzzahl entweder 0 oder eine positive Zahl ist. Allerdings kann nicht jede Ganzzahl als der Betrag einer anderen Zahl interpretiert werden. Zum Beispiel hat keine Ganzzahl den Betrag –3. Der Definitionsbereich dieser Funktion ist $\mathbb{Z}$, umfassend alle Ganzzahlen, während der Zielbereich der Funktion ebenfalls $\mathbb{Z}$ ist. Hingegen erstreckt sich der tatsächliche Wertebereich auf die Menge $\mathbb{N}$, die natürlichen Zahlen. Die natürlichen Zahlen umfassen alle nicht-negativen Ganzzahlen, einschließlich der Null.

Zielbereich und Wertebereich

Unterscheiden Sie sorgfältig zwischen dem *Zielbereich* und dem *Wertebereich* einer Funktion. Wenn nicht alle Werte angenommen werden, ist der Wertebereich nur eine Teilmenge des Zielbereichs.

2.1.2 Funktionstypen

Wie bereits erwähnt, ist es möglich, dass zwei unterschiedliche Elemente aus dem Definitionsbereich auf dasselbe Element im Wertebereich abgebildet werden. Das Umgekehrte gilt jedoch nicht: Ein Element aus dem Definitionsbereich kann nicht auf zwei verschiedene Elemente im Wertebereich abgebildet werden. Wenn man fragt, wohin x

abgebildet wird, muss es eine einzige, klare und eindeutige Antwort geben. Folglich wird ein Element aus dem Definitionsbereich immer auf ein einzelnes Element im Wertebereich abgebildet.

Nun stellt sich die Frage, was passiert, wenn zwei verschiedene Elemente aus dem Definitionsbereich auf dasselbe Element im Wertebereich abgebildet werden. Diese Situation ist möglich. Funktionen, bei denen dies *niemals* der Fall ist, haben einen speziellen Namen, der im nächsten Abschnitt erläutert wird.

Eineindeutige Funktionen

Eine Funktion wird als *eineindeutig* bezeichnet, wenn keine zwei Elemente aus dem Definitionsbereich auf dasselbe Element im Wertebereich abgebildet werden.

Betrachten wir die Funktion `f: Z -> Z`, definiert durch `f(n) = 2 * n`.

Diese Funktion nimmt eine Ganzzahl entgegen und gibt das Zweifache dieser Zahl zurück. Ich behaupte, dass *f* eineindeutig ist. Dies können wir beweisen, indem wir annehmen, dass *a* und *b* beide auf *c* abgebildet werden, dann zeigen wir, dass *a* tatsächlich gleich *b* ist. Dies zeigt, dass zwei verschiedene Elemente nicht auf dasselbe Element abgebildet werden können.

Angenommen:

```
f(a) = f(b)
```

Das bedeutet:

```
2 * a = 2 * b
```

Nun teilen wir beide Seiten durch 2 und erhalten:

```
a = b
```

Dies beweist die Eineindeutigkeit von *f*. Betrachten wir nun eine nicht eineindeutige Funktion. Für die Funktion mit der folgenden Funktionsgleichung ist der Definitionsbereich $\mathbb{Z}$, die Menge aller Ganzzahlen:

```
f(n) = n * n
```

Wir müssen nur beweisen, dass es zwei verschiedene Ganzzahlen gibt, die auf dasselbe Element abgebildet werden, z. B. 3 und –3. Wenn wir diese Zahlen quadrieren, erhalten wir in beiden Fällen 9. Daher ist f nicht eineindeutig. (Natürlich handelt es sich hierbei um eine gültige Funktion, nur eben keine eineindeutige.)

Surjektive Funktionen

Eine Funktion ist *surjektiv*, wenn ihr Zielbereich mit ihrem Wertebereich übereinstimmt. Man könnte es auch so ausdrücken: Sei f eine Funktion von A nach B. Wenn für jedes Element b in B ein Element a in A existiert, sodass $f(a) = b$, dann ist f surjektiv.

Betrachten wir eine Funktion f von $\mathbb{N}$ nach $\mathbb{N}$ mit $f(m) = m \times m$.

Um zu prüfen, ob diese Funktion surjektiv ist, müsste für jedes n in $\mathbb{N}$ ein m in $\mathbb{N}$ existieren, sodass $m \times m = n$. Dies würde bedeuten, dass jede natürliche Zahl ein perfektes Quadrat ist. Allerdings wissen wir, dass das nicht der Fall ist. Nehmen wir zum Beispiel die Zahl 5.

Welche natürliche Zahl erfüllt die Gleichung $m \times m = n$? Keine. Daher ist f nicht surjektiv.

Betrachten wir nun eine andere Funktion. Sei f eine Funktion von $\mathbb{N}$ nach $\mathbb{N}$, definiert durch die Funktionsregel $f(n) = |n|$, wobei $|n|$ den Absolutwert von n bezeichnet. Können wir zu jeder natürlichen Zahl eine andere natürliche Zahl finden, deren Absolutwert gleich der gegebenen natürlichen Zahl ist? Betrachten wir das Beispiel $n = 3$. Dann ist $f(3) = |3| = 3$, und das funktioniert. Da jede natürliche Zahl nicht negativ ist, entspricht ihr Absolutwert ihr selbst. Diese Funktion ist also surjektiv.

2.2 Grundlagen der Informatik

In diesem Abschnitt besprechen wir einige, meist unabhängige Konzepte, die von allgemeiner Bedeutung für die Programmierung sind.

2.2.1 Anonyme Funktionen

Üblicherweise definieren Sie in der Programmierung eine Funktion, indem Sie Schlüsselwörter wie `def`, `function` oder `sub` verwenden, der Funktion einen Namen zuweisen und dann den Funktionskörper implementieren. Anschließend können Sie die Funktion mit ihrem Namen aufrufen. In Scala können wir eine Funktion, die eine Ganzzahl quadriert, folgendermaßen definieren:

```
def square(n: Int): Int = n * n
```

Anschließend können Sie sie aufrufen:

```
println(square(3)) // gibt 9 auf der Konsole aus
```

Bei diesem Ansatz definieren wir die Funktion einmal und verwenden sie dann so oft wie nötig. Es kommt jedoch vor, dass eine Funktion nur einmal verwendet wird. Viele Programmiersprachen erleichtern diese Situation und bezeichnen solche Funktionen als *anonyme Funktionen*. Hier ist die Quadratfunktion in Scala als anonyme Funktion:

```
(n: Int) => n * n
```

Wofür kann das nützlich sein? Nehmen wir an, wir wollen eine Funktion *f* definieren, die eine andere Funktion als Argument akzeptiert und diese auf 3 anwendet. Obwohl das konstruiert erscheinen mag, verdeutlicht es den Sachverhalt. In Scala kann dies folgendermaßen erreicht werden:

```
def f(g: Int => Int): Int = g(3)
```

Dann könnten wir *f* mit der quadratischen Funktion folgendermaßen aufrufen:

```
f((n: Int) => n*n)
```

Das ist möglich, ohne die quadratische Funktion jemals explizit zu definieren.

Aus historischen Gründen werden anonyme Funktionen auch *Lambda*-Funktionen genannt. Dieser Begriff bezieht sich auf das Lambda-Kalkül, das wohl die erste Programmiersprache war. In einigen Sprachen, insbesondere in Python, wird `lambda` als Schlüsselwort für anonyme Funktionen verwendet. Hier das `square`-Beispiel in Python:

```
def square(n):
    return n * n
```

Und hier dasselbe als anonyme Funktion:

```
lambda n: n * n
```

2.2.2 Funktionen als First-Class-Objekte

In funktionalen Programmiersprachen ist es unkompliziert, Funktionen als First-Class-Objekte zu behandeln. Dies bedeutet, dass alles, was Sie mit anderen Objekten oder Variablen tun können, auch mit Funktionen möglich ist. Wenn beispielsweise *f* ein First-Class-Objekt ist, können Sie es als Parameter an eine andere Funktion übergeben und als Rückgabewert aus einer Funktion zurückgeben. Hier sind einige Beispiele in Scala:

```
def call(n: Int, f: Int=>Int): Int = f(n)
```

Die `call`-Funktion erwartet zwei Argumente, ein `Int` und eine weitere Funktion, die ein `Int` akzeptiert und ein `Int` zurückgibt.

```
def addN(n: Int): Int => Int = (m: Int) => m+n

val f = addN(3)

println(f(5)) // gibt 8 aus
```

Die Funktion `addN` erwartet eine Ganzzahl `n` und gibt eine Funktion zurück, die eine Ganzzahl `m` entgegennimmt und `n` zu `m` addiert.

2.3 Fazit

Ich hoffe, dass Sie nun einen fundierten Überblick über einige grundlegende Eigenschaften von Funktionen erhalten haben. In Anhang A, »Scala«, erläutere ich Funktionen im Kontext von Scala detaillierter. Im nächsten Kapitel werden wir uns in die Kategorientheorie und Entwurfsmuster vertiefen, um zu erfahren, wie diese angewendet werden können.

Kapitel 3

Kategorientheorie und Entwurfsmuster

In diesem Kapitel werde ich Entwurfsmuster vorstellen und erläutern, wie sie in der funktionalen Programmierung angewendet werden. Zudem werde ich auf die Kategorientheorie eingehen und darlegen, inwiefern sie als Quelle für funktionale Softwaremuster und als Grundlage für die funktionale Programmierung dient.

Ein *Entwurfsmuster* oder *Software-Pattern* stellt eine wiederverwendbare Lösung für ein häufig auftretendes Problem im Kontext des Software-Designs dar. Durch die Anwendung von Entwurfsmustern müssen wir nicht jedes Mal von Grund auf beginnen, wenn wir Code schreiben. Ein Entwurfsmuster bietet eine Schablone für die Lösung eines spezifischen Problems. Je mehr Entwurfsmuster Sie beherrschen, desto besser sind Sie gerüstet, um bestimmte Programmieraufgaben anzugehen. Wenn diese Muster zur Routine werden und Sie nicht mehr darauf angewiesen sind, sie nachzuschlagen, gewinnen Sie als Entwicklerin bzw. Entwickler an Fachkompetenz.

Muster beschreiben Lösungen

Ein Muster stellt lediglich ein Werkzeug dar, das Ihnen bei der Formulierung Ihres Codes hilft. Die meisten Aufgaben, die bei der Softwareerstellung vorkommen, wurden bereits auf universelle, effiziente Weise gelöst. Ein Muster beschreibt eine dieser Lösungen.

Entwurfsmuster wurden durch das Buch »Entwurfsmuster« der »Gang of Four« (Erich Gamma, Richard Helm, Ralph Johnson und John Vlissides) bekannt gemacht. Dieses Buch trug dazu bei, Entwurfsmuster populär zu machen, und seitdem sind sie zu einem beliebten Werkzeug geworden. Wenn Sie jetzt funktionale Programmiererinnen und Programmierer nach Entwurfsmustern fragen, erhalten Sie möglicherweise die Antwort, dass sie in der funktionalen Programmierung nicht besonders relevant sind. Dabei denken sie wahrscheinlich an die herkömmlichen OOP-Entwurfsmuster aus dem Buch der »Gang of Four«. Es gibt jedoch eine weitere Gruppe von Strukturen, die in der funktionalen Programmierung häufig verwendet wird und die vielleicht nicht unbedingt als Entwurfsmuster betrachtet wird. Diese stammen aus dem mathematischen Bereich der Kategorientheorie. Ich bezeichne sie als *Funktionsmuster* und werde sie im Folgenden erläutern.

Hinweis zum Begriff

Die Bezeichnung »Funktionsmuster« verwende ich, um die aus der Kategorientheorie stammenden Muster von den Entwurfsmustern im »Gang of Four«-Buch abzugrenzen.

Betrachten wir ein Beispiel, das in Verbindung mit dem Schlüsselwort `null` steht. Bekanntermaßen ergeben sich in diesem Zusammenhang Probleme, und eines der gravierendsten ist die `NullPointerException`. Ein Funktionsmuster, das *Option-Muster*, bietet hier eine Lösung. Angenommen, Sie schreiben in Scala Code, der `null` enthält:

```
case class User(name: String)

def getUser(uid: Int): User = {
    return getUserFromDB(uid)
}
```

Listing 3.1 Eine Funktion, die »null« zurückgeben kann (Scala)

Stellen wir uns vor, die Funktion `getUserFromDB` gibt einen Nullwert zurück, wenn kein Benutzer für die angegebene `uid` gefunden wird. Wenn Sie nun `user.name` aufrufen und `user` den Wert `null` hat, wird eine `NullPointerException` ausgelöst. Je nachdem, ob Sie die `NullPointerException` behandeln oder nicht, könnte dies zum Absturz Ihres Programms führen. Die `NullPointerException` birgt ein erhebliches Risiko.

Achtung »NullPointerException«

`NullPointerExceptions` lassen sich am besten vermeiden, wenn Funktionen niemals `null` zurückgeben können. Das funktionale Option-Muster ist dabei eine gute Hilfe.

Nehmen wir nun an, Sie sind mit dem Funktionsmuster *Option* vertraut. Dieses Muster eignet sich hervorragend für Probleme, die mit `null`-Werten zu tun haben. Anstelle von einfachem `null` wird ein spezieller Datentyp verwendet. Hier kommt das `Option`-Trait ins Spiel. `Option` tritt in zwei Varianten auf: `Some()`, ein Wrapper für einen Wert – beispielsweise `Some(user)` – und `None`, das den Fall repräsentiert, in dem es keine Antwort gibt – also den Fall, der oft durch `null` ausgedrückt wird. Allerdings hat `None` einen Typ, sodass der Compiler die Korrektheit des Codes überprüfen kann. `NullPointerExceptions` treten zur Laufzeit und nicht zur Kompilierzeit auf. Die Verwendung des Option-Musters trägt dazu bei, solche Situationen zu vermeiden. Lassen Sie uns die oben gezeigte getUser-Methode mit Option umschreiben. Das folgende Beispiel veranschaulicht die Nutzung von Option durch Pattern Matching oder Mustervergleich.

Merke

Die Klasse Option tritt in zwei Varianten auf: Some und None. Some ist ein Wrapper für einen Wert, beispielsweise Some(user), während None den Fall repräsentiert, in dem kein Wert gefunden wurde. Sie können eine Option mithilfe von Pattern Matching entpacken.

```
case class User(name: String)

def getUserFromDB(uid: Int): Option[User] = // query db

def handleUser(uid: Int): Unit = {

  getUserFromDB(uid) match {
     case Some(user) => //do something with user
     case None => //no user was found
  }
}
```

Listing 3.2 Option (Scala)

Python-Special

Pythonisten empfehlen wir einen Blick in das Listing B.4, »Ggf. None zurückgeben«.

In diesem Code ist die Überprüfung zur Kompilierzeit möglich, und NullPointerExceptions können vermieden werden. Option ist eines der Software-Pattern, die ich als »Funktionsmuster« bezeichne. Weitere Informationen zu Option finden Sie in Anhang A, Abschnitt A.6.10, »Der Option-Typ«.

3.1 Kategorientheorie und Funktionsmuster

Sie müssen die Kategorientheorie nicht unbedingt beherrschen, um gute funktionale Programme zu schreiben. Sie *ist* zwar hilfreich, aber wenn Sie lieber aus Codebeispielen lernen, können Sie dieses Kapitel über die Kategorientheorie überspringen. Im weiteren Verlauf des Buchs werden Sie Funktionsmuster anhand von Codebeispielen kennenlernen.

Ich nenne diese Muster gerne Hardcore-Funktionsmuster, denn sie sind das Ergebnis der konsequenten Anwendung der Prinzipien der funktionalen Programmierung. Zusammen mit Unveränderlichkeit, referenzieller Transparenz und Funktionen höherer Ordnung sind sie wesentlicher Bestandteil der funktionalen Programmierung. Funktionale Programmierung setzt unveränderliche Codekonstrukte, die referenzielle Transparenz einhalten, Funktionen höherer Ordnung und Funktionsmuster großzügig ein. Funktor, Monoid und Monade sind einige Beispiele für solche Muster.

Bevor wir jedoch ins Detail gehen, möchte ich eine kurze Geschichte der Kategorientheorie als mathematische Disziplin vorstellen. Wer weiß, vielleicht finden Sie ja Gefallen an der Kategorientheorie an sich. Die Kategorientheorie ist eine mathematische Disziplin, die sich nicht auf spezifische mathematische Strukturen oder Objekte beschränkt, sondern allgemeine Konzepte untersucht, die in vielen mathematischen Bereichen auftreten. Später wurde sie auf die funktionale Programmierung angewandt.

3.1.1 Ein kurzer Abriss

Die Kategorientheorie entstand in den 1940er-Jahren aus einem Gespräch zwischen Saunders Mac Lane und Samuel Eilenberg über einen Vortrag, den einer von ihnen gehalten hatte. Sie erkannten, dass die Themen, an denen sie forschten – einer in Algebra und der andere in Topologie –, eigentlich verschiedene Aspekte desselben Phänomens waren. Als sie ihre Ideen weiterentwickelten, merkten sie, dass sie ein neues Gebiet der Mathematik geschaffen hatten: Die Kategorientheorie war geboren! Obwohl die Kategorientheorie ein eigenständiger Zweig der Mathematik ist, hat sie ihre Wurzeln in der Algebra und der Topologie. Die Grundkonzepte der funktionalen Programmierung stammen aus der Kategorientheorie. Wenn Sie sich ein solides Verständnis der grundlegenden Konzepte der Kategorientheorie aneignen, werden Sie die Konzepte der funktionalen Programmierung besser verstehen und leichter anwenden können. Sie werden neue Erkenntnisse und Denkweisen entdecken, die Ihr Verständnis der funktionalen Programmierung vertiefen und erweitern können.

Hinweis

Die Kategorientheorie kann Ihr Verständnis der funktionalen Programmierung wesentlich vertiefen und Ideen für neue Konstrukte in der funktionalen Programmierung liefern.

Mac Lane und Eilenberg verfassten gemeinsam ein Buch mit dem Titel *Categories for the Working Mathematician*, das zu einem wichtigen Referenzwerk für spätere Entwicklungen auf diesem Gebiet wurde. 1990 wurde dann die rein funktionale Programmiersprache Haskell entwickelt. Bei der Entwicklung wurden viele Konzepte aus der Kategorientheorie übernommen. Einige dieser Ideen haben sich auch in anderen funktionalen oder teilweise funktionalen Programmiersprachen etabliert, wie Scala, F# und Java. Außerdem werden funktionale Konzepte für die Programmierpraxis auch durch Softwarebibliotheken bereitgestellt.

3.1.2 Objekte und Morphismen

Die grundlegende Definition der Kategorientheorieumfasst zwei Konzepte: Objekte und Morphismen.

> **»Objekte« in Mathematik und Programmierung**
>
> Objekte in der Kategorientheorie sind nicht dasselbe wie Objekte in der objektorientierten Programmierung. Es handelt sich um völlig verschiedene Konzepte.

In der Kategorientheorie können *Objekte* alles Mögliche sein: Mengen, Zahlen, Matrizen, um nur einige zu nennen. Neben den Objekten benötigt eine Kategorie auch sogenannte *Morphismen*. Ein Morphismus ist eine Abbildung zwischen zwei Objekten einer Kategorie. Seien A und B Objekte einer Kategorie C. Dann entspricht ein Morphismus einem Pfeil von A nach B.

Wir schreiben dies folgendermaßen:

$A \rightarrow B$

Aber was genau bedeutet der Pfeil? Er verbindet Objekt A mit Objekt B. Der Morphismus wird durch seinen Anfangs- und Endpunkt bestimmt.

> **Tipp zu Pfeilen**
>
> Ein Pfeil von einem Objekt A zu einem Objekt B repräsentiert einen Morphismus von A nach B. Es ist hilfreich, sich den Pfeil als ein geordnetes Paar von Objekten vorzustellen.

Wegen der visuellen Ähnlichkeit neigt man dazu, den Pfeil intuitiv als Funktion aufzufassen, und in den meisten Fällen ist er *tatsächlich* eine Funktion. Es gibt zwar Kategorien, in denen Morphismen keine Funktionen sind – aber die sind selten, sodass wir uns darauf beschränken können, dass Morphismen immer Funktionen sind. Sie können es sich so vorstellen: Objekte sind Mengen, und Morphismen sind Funktionen von einer Menge zur anderen.

Hinweis: »Morphismen« sind hier Funktionen

Obwohl Morphismen theoretisch nicht unbedingt Funktionen sein müssen, sind für unsere Zwecke Objekte immer Mengen und Morphismen Funktionen von einer Menge zur anderen.

Wenn nun *f* ein Morphismus von *A* nach *B* ist, dann nennt man *A* die *Quelle* (*Definitionsbereich, Domäne*) von *f* und *B* das *Ziel* (*Zielbereich, Wertebereich*) von *f*. Man verwendet also dieselbe Terminologie wie bei Funktionen (siehe Anhang A, Abschnitt A.5, »Funktionen«, für weitere Details).

3.1.3 Ein Beispiel für eine Kategorie

Wir beginnen mit der Kategorie aller Mengen, deren Objekte alle möglichen definierbaren Mengen sind.

Die Kategorie aller Mengen

Bei einer Menge handelt es sich einfach um eine Sammlung von Objekten, die beispielsweise Zahlen, Personen oder auch andere Entitäten sein können. Wir betrachten nun die Kategorie, deren Objekte *alle* Mengen sind.

Wir nennen diese Kategorie *Set*. Die Objekte sind alle Mengen. Was sind die Morphismen? Es sind alle Funktionen von *A* nach *B*. Jede Funktion von A nach B ist ein Morphismus.

In der Kategorie *Set* sind die Objekte Mengen und die Morphismen Funktionen von *A* nach *B* für alle Mengen *A* und *B*. *A* wird auch als Domäne und *B* als Co-Domäne des Morphismus bezeichnet.

Betrachten wir die Kategorie *Set* genauer. Das folgende Beispiel zeigt zwei Objekte *A* und *B* in der Kategorie *Set* und zwei Morphismen mit Domäne *A* und Co-Domäne *B*.

Seien $A = \{1,2,3,4\}$ und $B = \{a,b,c,d,e\}$.

Diese beiden Mengen sind wohldefiniert und somit Objekte innerhalb der Kategorie *Set*. Definieren wir nun zwei Morphismen von *A* nach *B*:

- Morphismus *f* von *A* nach *B*

  Für alle *x* in *A* gilt $f(x) = a$. Diesen Morphismus könnten wir als konstant bezeichnen. Er bildet schlichtweg jedes Element aus *A* auf das Element a in Menge *B* ab.

- Morphismus g von A nach B

  $g(1) = a$

  $g(2) = b$

  $g(3) = c$

  $g(4) = d$

Die beiden Abbildungen von A nach B sind Morphismen in der Kategorie *Set*. Beachten Sie, dass dies eine sehr große Kategorie ist. Sie enthält *alle* Mengen und *alle* Abbildungen zwischen ihnen.

Bevor wir weitere Beispiele betrachten, sollten wir noch einige Eigenschaften erwähnen. Erstens: Morphismen sind miteinander komponierbar. Was bedeutet das? Bei der Komposition zweier Morphismen wenden wir zunächst den ersten Morphismus an und danach den zweiten auf das Ergebnis des ersten.

Als Beispiel betrachten wir zwei Morphismen: $f: A \rightarrow B$ und $g: B \rightarrow C$. Da wir uns in einer Kategorie befinden, muss es einen Morphismus h von A nach C geben:

$h(x) = g(f(x))$

Die Bedeutung von $g(f(x))$ ist, dass wir zuerst $f(x)$ auswerten und dann g darauf anwenden. Wir schreiben h als $g \circ f$ und sagen »g komponiert mit f«.

Wenn f ein Morphismus von A nach B und g ein Morphismus von B nach C ist, dann gibt es einen Morphismus h von A nach C, sodass für alle x in A $h(x) = g(f(x))$ ist. In diesem Fall schreiben wir h als $g \circ f$, gesprochen: g komponiert mit f.

Wenn die Morphismen nicht komponierbar sind, dann liegt keine Kategorie vor. In *jeder* Struktur, die als Kategorie bezeichnet wird, ist die Komposition von Morphismen notwendig.

Es gibt noch eine weitere Eigenschaft, die Morphismen erfüllen müssen, um eine Kategorie zu bilden. In der Kategorie muss es für jedes Objekt A einen speziellen Morphismus $id_A: A \rightarrow A$ geben, der jedes Element von A auf sich selbst abbildet. Für jeden Morphismus $f: A \rightarrow B$ und Morphismus $g: A \rightarrow B$ in der Kategorie gilt dann

$f \circ id_A = f$

und

$id_B \circ g = g$

In der Sprache der Kategorientheorie bedeutet dies, dass id_A die *Identitätsfunktion* (oder der *Identitätsmorphismus*) auf A ist – die Funktion, die jedes Element auf sich selbst abbildet. Die Kategorientheorie besagt, dass id_A jede Funktion unverändert lässt, mit der sie komponiert wird.

In der Kategorientheorie denkt man nicht in Bezug auf Punkte, sondern eher in Bezug auf die Komposition von Funktionen. Der obige Ausdruck zeigt, wie man die Identitätsfunktion in der Kategorientheorie durch Komposition ausdrücken kann. Statt den Identitätsmorphismus als Funktion zu beschreiben, die jeden Punkt in einem Objekt auf sich selbst abbildet (wie in der traditionellen Mathematik), wird in der Kategorientheorie betont, dass man den ursprünglichen Morphismus zurückbekommt, wenn man den Identitätsmorphismus mit einem anderen Morphismus komponiert.

In weiten Teilen dreht sich die Kategorientheorie also darum, Strukturen durch das Konzept der Komposition zu beschreiben. Was hat das aber mit der funktionalen Programmierung zu tun? Das zeigt sich, wenn wir Funktionen verketten.

Betrachten wir ein Beispiel für die Verkettung – auch *Komposition* genannt – der Längenfunktion. Die Funktion `length` nimmt eine Zeichenkette als Argument und gibt eine Integer-Zahl zurück, die die Anzahl der Zeichen im String angibt. Die Funktion `square` nimmt ebenfalls eine Ganzzahl entgegen und liefert eine Ganzzahl zurück, die das Quadrat der angegebenen Zahl ist. Verketten – oder *komponieren* – wir die beiden:

```
(square o length)("abc") == square(length("abc")) == square(3) = 9
```

Listing 3.3 Komposition (Verkettung) (Pseudo-Code)

In diesem Beispiel haben wir `length` mit `square` verkettet und einen weiteren Morphismus erhalten, der mit `square o length` bezeichnet wird und einen String als Eingabe und eine Integer-Zahl als Ausgabe hat.

Python-Special

Schauen Sie hierzu auch in den Abschnitt B.5.1, »Komposition«, mit dem Listing B.5 zum Thema `functions.compose()`.

Sehen wir uns nun weitere Beispiele für Kategorien an. Dazu benötigen wir den Begriff der *Halbgruppe*. Eine Halbgruppe besteht aus einer Menge von Elementen (das kann jede beliebige nicht leere Menge sein) mit einer binären Operation oder zweistelligen Verknüpfung. Eine binäre Operation, wie zum Beispiel die Multiplikation von ganzen Zahlen, nimmt zwei Elemente und liefert ein drittes Element zurück. Dabei muss eine Bedingung erfüllt sein: Die binäre Operation muss assoziativ sein. Wir bezeichnen die binäre Operation mit einem Sternchen (*).

Eine Halbgruppe ist eine nicht leere Menge, die mit einer *assoziativen* Binäroperation ausgestattet ist. Das heißt, für alle Elemente *x*, *y* und *z* der Menge gilt:

$$x * (y * z) = (x * y) * z$$

Beispielhaft sei die Menge der ganzen Zahlen genannt, wobei die Operation die Multiplikation ist. Beachten Sie zunächst, dass die Multiplikation zweier Zahlen eine weitere ganze Zahl ergibt. Dies ist für eine Halbgruppe notwendig. Wenn zwei Elemente einer Halbgruppe mit der binären Operation kombiniert werden, sollte das Resultat ebenfalls ein Element dieser Halbgruppe sein. Negative Zahlen können beispielsweise bei der Multiplikation keine Halbgruppe bilden, da die Multiplikation zweier negativer Zahlen keine weitere negative Zahl liefert. Die Multiplikation mit Ganzzahlen ist assoziativ. Daher bilden alle multiplizierten ganzen Zahlen eine Halbgruppe.

Hier ein weiteres Beispiel.

Die Menge besteht aus allen 3×3-Matrizen mit reellen Zahlen. Falls Ihnen der Begriff »Matrix« nicht geläufig ist, können Sie dieses Beispiel überspringen. Die Operation in diesem Kontext ist die Matrixmultiplikation. Es lässt sich zeigen, dass die Matrixmultiplikation assoziativ ist. Jedoch ist die Matrixmultiplikation[1] nicht kommutativ; $A * B$ muss nicht zwangsläufig gleich $B * A$ sein. Kommutativität ist jedoch keine Vorbedingung für eine Halbgruppe – Assoziativität ist das entscheidende Kriterium.

Ich habe Ihnen zwei Beispiele für Halbgruppen gezeigt. Nehmen wir nun an, wir möchten *sämtliche* Halbgruppen gleichzeitig untersuchen. In diesem Fall könnten wir die *Kategorie* der Halbgruppen betrachten. Was sind die Morphismen in diesem Kontext? Dies gestaltet sich etwas komplexer. Wir könnten zwar behaupten, dass Morphismen Funktionen von einer Halbgruppe zu einer anderen sind, doch diese Definition reicht nicht aus. In der Kategorientheorie geht es um die Identifikation von Strukturen und darum, ähnliche Strukturen in vermeintlich unterschiedlichen Objekten aufzufinden. Welche Struktur besitzt also eine Halbgruppe? Diese wird durch die Multiplikationsoperation definiert.

In einer Halbgruppe bezeichnen wir die binäre Operation oft als Multiplikation, auch wenn sie nicht zwangsläufig die gewöhnliche Zahlenmultiplikation ist. Der Begriff des Morphismus muss in diesem Fall auf irgendeine Weise die multiplikative Struktur der Halbgruppe erfassen. Im folgenden Beispiel illustriere ich, wie das funktioniert:

Seien *S1* and *S2* zwei Objekte in der Kategorie der Halbgruppen.

---

1 In der Mathematik wird diese Operation durch einen Multiplikationspunkt dargestellt. Wir behalten hier den Stern bei, der hier allgemeiner für eine binäre Operation steht. (Anmerkung des dt. Lektorats)

Eine Funktion h von $S1$ nach $S2$ ist ein Morphismus, wenn für alle x, y in $S1$ gilt:

$h(x * y) = h(x) * h(y)$

Das bedeutet, dass beide Halbgruppen eine ähnliche multiplikative Struktur aufweisen. Um zu erfahren, wohin $h(x * y)$ abgebildet wird, genügt es, die Abbildungsorte von $h(x)$ und $h(y)$ herauszufinden und diese beiden Ergebnisse in $S2$ zu multiplizieren.

Man kann sich den Morphismus als Umbenennung des Objekts vorstellen, das er abbildet. Hierbei entspricht x in $S1$ $h(x)$ in $S2$. Ebenso entspricht y in $S1$ $h(y)$ in $S2$. H ist ein Morphismus, was bedeutet, dass $x * y$ der Abbildung $h(x) * h(y)$ entspricht – ganz so, als habe jede Entität im ursprünglichen Universum eine Entsprechung in einem Paralleluniversum.

Was hat das alles mit der funktionalen Programmierung zu tun? Das werde ich im folgenden Abschnitt erklären.

3.1.4 Die Scal-Kategorie

Obwohl große Teile der funktionalen Programmierung auf Konzepten aus der Kategorientheorie basieren, insbesondere oft im Kontext der Programmiersprache Haskell, interessiert uns im Grunde genommen nur eine bestimmte Kategorie.

Wählen Sie zunächst Ihre Programmiersprache. Theoretisch kann das jede Programmiersprache mit Typen sein. Ich habe mich für Scala entschieden, weil es sich besonders gut für funktionale Konstruktionen eignet und ein Großteil des Scala-Codes so klar formuliert ist, dass er sich fast wie Pseudocode liest. Ich bezeichne diese Kategorie als *Scal*, in Anlehnung an die etablierte Kategorie *Hask* der Programmiersprache Haskell.

Die Objekte innerhalb der Scal-Kategorie sind sämtliche Typen in Scala – nicht nur einfache Typen wie `String`, `Int` und `Boolean`, sondern auch `List[String]`, `Map[Int,Double]` und alle anderen Varianten, die wir aus den Grundtypen konstruieren können. Sogar benutzerdefinierte Typen wie `User`, `Account` usw. können wir einbeziehen. Theoretisch könnten wir dieselbe Kategorientheorie auf jede Programmiersprache mit Typen anwenden. In unserem Fall arbeiten wir mit der Scal-Kategorie, aber wenn wir wollten, könnten wir auch mit einer Kategorie arbeiten, die z. B. auf Java basiert. In diesem Fall wären die Objekte die Typen der Sprache Java.

Die Objekte in der Scal-Kategorie sind somit sämtliche Typen von Scala. `String`, `List[Int]` und `Map[Int,User]` – sie alle sind Objekte innerhalb der Scal-Kategorie.

Morphismen

Nehmen wir zwei Typen, z. B. `String` und `Int` – wie könnten wir einen Morphismus zwischen ihnen definieren? Die Definition eines Morphismus von `String` zu `Int` ist recht einfach: Es handelt sich um jede Funktion, die einen `String` als Eingabe erwartet und ein `Int` als Ausgabe liefert. Ein Beispiel für einen Morphismus zwischen diesen beiden Typen wäre die Längenfunktion. Sie erhält einen String (z. B. "`abc`") und gibt eine Ganzzahl zurück, in diesem Fall 3.

Morphismus von A nach B als Funktion

Wenn *A* und *B* Typen in Scala darstellen, wird ein Morphismus von *A* nach *B* als Funktion definiert, die ein Objekt vom Typ *A* annimmt und ein Objekt vom Typ *B* zurückgibt.

Betrachten wir das folgende Beispiel für die Komposition zweier Morphismen. In jeder Kategorie gilt: Wenn es einen Morphismus $f: A \rightarrow B$ und einen Morphismus $g: B \rightarrow C$ gibt, dann existiert auch ein Morphismus $h: A \rightarrow C$, für den gilt $h = g \circ f$. Werfen wir einen Blick auf zwei solcher Morphismen, und schauen wir, was ihre Komposition ergibt:

- f: String → Int ist definiert als f(s) = `s.length`.
- g: Int → Int ist definiert als g(n) = n * n.

Hierbei repräsentiert f die Längenfunktion, während g die quadratische Funktion ist. Wie sieht die Komposition dieser beiden aus? $(g \circ f)$(s) = `s.length * s.length`.

In unserer Scal-Kategorie fungieren die Objekte als Typen, und für die Typen *A* und *B* stellen die Morphismen Funktionen dar, die ein Objekt vom Typ *A* als Eingabe akzeptieren und ein Objekt vom Typ *B* als Ausgabe liefern.

Sobald Sie eine Programmiersprache – in diesem Fall Scala – ausgewählt haben, dreht sich die gesamte Kategorientheorie innerhalb der funktionalen Programmierung um diese spezielle Scal-Kategorie. Hierbei stehen die Objekte für die Scala-Typen, während die Morphismen von *A* nach *B* als Funktionen auftreten, die ein Objekt vom Typ *A* entgegennehmen und ein Objekt vom Typ *B* zurückgeben.

3.1.5 Funktoren

Funktor ist ein komisches Wort. Es klingt nach Funktion, und tatsächlich handelt es sich um eine Art Funktion – jedoch um eine besondere Art. Bevor wir diesen Begriff genauer definieren, sollten wir uns einige Beispiele in Scala ansehen. Einige Scala-Funktoren sind beispielsweise `List`, `Option` und `Future`. Weitere Informationen zu diesen Konzepten finden Sie in Anhang A, »Scala«. Diese Beispiele weisen zwei gemeinsame Eigenschaften auf. Erstens sind sie generische Typen, was bedeutet, dass sie andere Typen als Parameter akzeptieren können. In Scala gibt es nicht nur `List` an sich, sondern auch `List[String]`, `List[Int]` oder `List[User]` und viele weitere. Jedoch ist `List[String]` kein Funktor, sondern ein Typ. `List` hingegen stellt einen Funktor dar.

Typ und Funktor

`List[String]` ist kein Funktor, sondern ein Typ. `List` selbst ist hingegen ein Funktor. Wenn er auf einen Typ angewendet wird, wie beispielsweise `String`, ergibt sich wiederum ein Typ. Aus diesem Grund wird ein Funktor in Scala auch als *Typkonstruktor* bezeichnet.

Eine weitere charakteristische Eigenschaft ist, dass alle Funktoren über eine `map`-Funktion verfügen. Sehen wir uns ein Beispiel an.

```
val lst = List(1,2,3,4)
lst.map(n => n*n)
// Rückgabe: List(1,4,9,16)
```

Listing 3.4 »map« wendet eine Funktion auf alle Elemente einer Liste an. (Scala)

1. Eine Liste mit vier Zahlen wurde erstellt.
2. `List` ist ein Funktor, verfügt also über eine `map`-Funktion.

Lassen Sie uns nun die Definition eines Funktors betrachten. Dafür benötigen wir zunächst zwei Kategorien: C_1 und C_2. Ein Funktor F von C_1 nach C_2 ist eine Funktion, die Objekte der ersten Kategorie auf Objekte der zweiten Kategorie abbildet (ähnlich wie `List` `String` auf `List[String]` abbildet).

Python-Special

In Python ist das anders, wenn Sie `list` oder `tuple` verwenden. Schauen Sie dazu in den Abschnitt B.5.2, »Typklassen und Funktoren«.

Ein Funktor ordnet auch Morphismen C_1 Morphismen in C_2 zu. Die Handhabung von Morphismen durch Funktoren, wie sie beispielsweise `List` mit der `map`-Funktion demonstriert, kann komplizierter sein.

Ein wichtiger Aspekt ist die Beziehung zwischen den Morphismen in beiden Kategorien: $F(f \circ g) = F(f) \circ F(g)$, sofern die Definitionsbereiche und Zielbereiche der Morphismen f und g übereinstimmen. Dies bedeutet letztlich, dass die beiden Kategorien C_1 und C_2 eine ähnliche Struktur hinsichtlich der Morphismen aufweisen. Das Konzept des Funktors zielt darauf ab, Ähnlichkeiten zwischen Kategorien zu erfassen und zu quantifizieren.

Benötigen wir nicht zwei Kategorien, um einen Funktor zu definieren? Tatsächlich nicht. Ein Funktor, der von einer Kategorie auf sich selbst abgebildet wird, wird als *Endofunktor* bezeichnet. Alle Funktoren, die wir in der Scal-Kategorie betrachten werden, sind Endofunktoren.

Definition eines Funktors

Die Definition eines Funktors erfordert zunächst zwei Kategorien, C_1 und C_2. Ein Funktor ist dann eine Funktion von C_1 nach C_2 mit bestimmten Eigenschaften, die im Folgenden beschrieben werden.

Betrachten wir den `List`-Typkonstruktor in Scala (beachten Sie erneut, dass es sich hierbei nicht um einen konkreten *Typ* handelt). Dieser Typkonstruktor muss auf irgendetwas angewendet werden. `List` an sich ist kein Typ, jedoch ist `List[String]` ein Typ. Andererseits ist `List` als Typkonstruktor zu sehen. Er »konstruiert« einen Typ: `List` von irgendetwas ergibt einen Typ. Welche weiteren Beispiele gibt es in Scala? Zum Beispiel `Option` und `Future`.

In der Scal-Kategorie stellen diese Beispiele Funktoren dar: `List`, `Option` und `Future`. Sie sind Funktoren von der Scal-Kategorie auf sich selbst.

Definition eines Endofunktors

Einen Funktor von einer Kategorie auf sich selbst bezeichnen wir als *Endofunktor*. `List`, `Option` und `Future` sind Beispiele für Endofunktoren, und alle Endofunktoren sind Funktoren.

Funktoren und Morphismen

Beginnen wir mit der Abbildung von Scal-Objekten auf Scal-Objekte durch den Funktor `List`. Zum Beispiel wird das Objekt `String` durch `List` auf das Objekt `List[String]` abgebildet. Des Weiteren bildet `List` auch Morphismen auf Morphismen ab. Wie funktioniert das? Betrachten wir die beiden Morphismen `length` und `square`. `Length` ist ein Morphismus von `String` nach `Int`, und `square` ist ein Morphismus von `Int` nach `Int`. Die Komposition `square ∘ length` ist dann ein Morphismus von `String` nach `Int`. Er nimmt eine Zeichenkette als Eingabe und gibt das Quadrat dieser Zeichenkettenlänge aus.[2]

---

2 Mir ist bewusst, dass sich dies etwas konstruiert liest, aber es veranschaulicht die Komposition von Morphismen.

Wir haben gesehen, wie `List String` auf `List[String]` abbildet. Doch wie wirkt `List` auf die Morphismen? Was bedeutet `List(length)`? Das sieht ungewöhnlich aus, da wir normalerweise nicht eine Liste einer Funktion übergeben[3]. Wir wenden `List` als Funktor auf die Funktion an. Was könnte das bedeuten? Da `length` von `String` nach `Int` abbildet, muss `List(length)` von `List[String]` auf `List[Int]` abbilden. Können Sie sich eine Funktion vorstellen, vielleicht mit einem anderen Namen, die `List[String]` auf `List[Int]` abbildet? Wenn Sie an `map` gedacht haben, liegen Sie richtig. In Scala würde es so aussehen:

```
List("abc", "defgh").map(_.length) // == List(3,5)
```

Listing 3.5 »map« mit der Längenfunktion (Scala)

In Scala ist für bestimmte Typen eine `map`-Funktion definiert (dies sind genau die Funktoren). Daher gibt es bei einem Funktor im Hintergrund diese `map`-Funktion. Um zu verstehen, wie ein Funktor mit einem Morphismus interagiert, müssen wir die `map`-Funktion in bestimmter Weise verwenden. Dies haben wir bereits mit `length` gezeigt, doch lassen Sie uns einen allgemeineren Fall betrachten.

»map«-Funktion

Funktoren spielen in der funktionalen Programmierung eine Rolle, wo es Typen gibt, die die `map`-Funktion implementieren. Man kann sich einen Funktor als abbildbares Trait (oder Schnittstelle) vorstellen.

Sehen wir uns ein Beispiel in der Scal-Kategorie an.

Betrachten wir den Funktor `List` von Scal zu Scal. Wie bereits erwähnt, bildet ein Funktor Objekte auf Objekte und Morphismen auf Morphismen ab. In diesem Fall bildet `List` ein Objekt `A` in Scal auf das Objekt `List[A]` in Scala ab. Denken Sie daran, dass in Scal die Objekte Typen sind.

Und wie wirkt der Funktor `List` auf Morphismen? Seien *A = "String"* und *B = "Int"*. Untersuchen wir, wie `List` *length: A → B* transformiert wird. Nun, `List(length)` muss ein Morphismus in Scal sein. Da `length` von `String` nach `Int` abbildet, wissen wir, dass `List(length)` von `List[String]` nach `List[Int]` abbildet.

Nehmen wir ein Objekt vom Typ `List[String]`, und schauen wir, wie `List(length)` darauf wirkt.

```
List(length)(List("abc")) = List("abc").map(s => s.length)
```

3 Es sei denn, es handelt sich um eine Liste von Funktionen. In diesem Beispiel ist keine Liste von Funktionen gemeint.

Die obige Gleichung ergibt `List(3)`.

In Scala verwenden wir für diese Funktion nicht `List(length)`, sondern die `map`-Funktion. Tatsächlich gibt es viele `map`-Funktionen, eine für jeden Funktor. In Scala stellen wir uns eine einzige `map`-Funktion vor, die auf jede containerartige Datenstruktur angewendet werden kann. In der Kategorientheorie entspricht die `map`-Funktion dem Ergebnis, wenn ein Funktor auf einen Morphismus angewendet wird.

Ich hatte bereits erwähnt, dass Sie die theoretische Erklärung der Kategorientheorie in der funktionalen Programmierung überspringen können, da wir sie auf eine rein praktische Art betrachten werden. Dies werden wir als Nächstes für Funktoren tun.

3.1.6 Funktoren in der Programmierung

Was versteht man im Kontext einer Programmiersprache unter einem Funktor? Ein Funktor stellt schlichtweg eine Schnittstelle dar (oder in Scala ein Trait), die die `map`-Methode implementiert.

Funktoren als »Mappable«

Statt *Funktor* könnte man auch den Begriff *Mappable* verwenden, da es sich schlicht um ein Trait mit einer definierten Map-Methode handelt. Beim Lesen des Begriffs *Funktor* denken Sie daran, dass dieser *eine* `map`*-Methode besitzt.*

Wie bereits dargelegt, gibt es zwei Betrachtungsweisen für einen Funktor: Entweder als Trait (oder Interface), das die Map-Methode umsetzt, oder im Rahmen der Kategorientheorie. Aus letzterer Perspektive handelt es sich bei einem Funktor um eine Funktion von Scala-Typen zu Scala-Typen. Zudem stellt er eine Funktion von Morphismen in der Scal-Kategorie zu anderen Morphismen in Scal dar. Seien `A` und `B` zwei Scala-Typen und *f* ein Morphismus von `A` nach `B`. Dann wird `F(f)` zu einem Morphismus von `F[A]` nach `F[B]`. Wir können `F` als einen Kontext für zwei Typen und den Morphismus zwischen ihnen betrachten. Der Startpunkt liegt in `A` und `B`, während der Endpunkt in `F[A]` und `F[B]` liegt. Dies bedeutet, dass wir `A` und `B` in den Kontext von `F` einbetten. Um zu verstehen, was der Morphismus *f* im Kontext von `F` bedeutet, betrachten wir den Morphismus `F(f)` von `F[A]` nach `F[B]`. Angenommen, `fa` ist ein Element von `F[A]`, dann bildet `F(f) fa` auf `fa.map(f)` ab.

Wie bereits erwähnt, können Sie für jeden Funktor stets die `map`-Methode nutzen, um eine Transformation auf die Elemente der Struktur auszuführen.

Hierzu ein Beispiel: Ich verwende den List-Funktor. In diesem Szenario gilt `A = Int` und `B = Int`. `F = List`, und der Morphismus `square f: A -> B` sei die Quadratfunktion.

Daraus ergibt sich auch `F[A] = List[Int]` und `F[B] = List[Int]`. Was ist `F(square)`? Das heißt, was ist `List(square)`? Hierbei ist zu beachten, dass wir die `map`-Funktion benötigen, die zu `F` (wie bei jedem Funktor) gehört. Wir formulieren Folgendes:

```
F(square)(fa) = fa.map(f)
```

bzw.

```
List(square)(fa) = fa.map(square)
```

Daraus folgt:

```
List(square)(List(1,2,3,4)) = List(1,2,3,4).map(square) = List(1,4,9,16)
```

Es ist bekannt, dass ein Funktor von Kategorie *C* nach Kategorie *D* drei Eigenschaften erfüllen muss:

- Ein Funktor *F* bildet Objekte in *C* auf Objekte in *D* ab. Im Kontext der Scal-Kategorie bedeutet dies, dass *F* Scala-Typen auf Scala-Typen abbildet.
- *F* bildet Morphismen in *C* auf Morphismen in *D* ab.
- Es existiert eine Kompositionseigenschaft: $F(f \circ g) = F(f) \circ F(g)$ (wobei *f* und *g* Morphismen sind).

Wir möchten diese Eigenschaft für den List-Funktor und die beiden Morphismen `length` und `square` überprüfen. Dieser Abschnitt ist etwas formellastig; Sie können ihn gern überspringen, wenn er nicht Ihr Ding ist. Hier ist `length` ein Morphismus von `String` zu `Int`, und `square` ist ein Morphismus von `Int` zu `Int`.

Beim Einsetzen der Werte müssen wir Folgendes beweisen:

```
List(square o length) = List(square) o List(length)
```

Der Ausdruck auf der linken Seite wandelt ein Objekt des Typs `List[String]` in ein Objekt des Typs `List[Int]` um. Zum Beispiel:

```
List(square o length)(List("hello", "universe")) =
List("hello","universe").map(square o length) =
List(square o length ("hello"), square o length ("universe")) =
List(square(5), square(8)) = List(25,64)
```

Betrachten wir nun `List(square) o List(length)`:

```
List(square) o List(length))(List("hello","universe")) =
List(square)(List(length)(List("hello","universe"))) =
```

```
List(square)(List("hello","universe").map(length) =
List(square)(List(5,8) = List(5,8).map(square) = List(25,64)
```

Beide Seiten sind identisch. Was wir hier speziell gezeigt haben, gilt generell.

Allgemeingültige Eigenschaft

Für F und die Morphismen f und g gilt immer:

$F(f \circ g) = F(f) \circ F(g)$

Das ist eine fundamentale Eigenschaft eines Funktors.

Dies trifft ebenso auf andere Funktoren wie `Option` und `Future` zu. Sobald wir wissen, dass wir es mit einem Funktor zu tun haben, erkennen wir, dass wir Morphismen auf diese Art und Weise zusammensetzen können. Warum das relevant ist, erkläre ich im folgenden Abschnitt.

3.2 Funktionsmuster

Dieser Abschnitt widmet sich verschiedenen Funktionsmustern, die in funktionalem Code häufig anzutreffen sind. Ein Verständnis für diese Muster erleichtert es Ihnen, funktionalen Code zu schreiben. Wir beginnen mit dem geläufigsten Funktionsmuster, dem Funktor-Muster.

3.2.1 Das Funktor-Muster

Wir wissen jetzt, was Funktoren sind, aber was bringen sie uns? Funktoren erweisen sich aus zwei Gründen als nützlich:

- Jeder Funktor verfügt über eine `map`-Funktion.
- Funktoren können verkettet werden.

Ich möchte anhand eines Beispiels verdeutlichen, wie wertvoll die Verkettung zweier Funktoren sein kann.

Angenommen, wir haben eine Liste von Optionen:

```
val listOfOptions = List(Some(8), None, Some(2))
```

Listing 3.6 Eine Liste mit drei Optionen (Scala)

Wenn Sie mit `Some` und `None` nicht vertraut sind, siehe Anhang A, Abschnitt A.6.10, »Der Option-Typ«.

Nehmen wir weiter an, wir möchten die Zahlen 1, 8 und 2 addieren. Die meisten Programmiersprachen unterstützen Funktoren nicht nativ. Selbst Scala, das im funktionalen Paradigma verwurzelt ist, bietet diese Möglichkeit nicht nativ. Dennoch existiert eine Bibliothek namens *Cats*, die kategorientheoretische Konzepte als First-Class-Objekte bereitstellt.

Cats

Innerhalb der funktionalen Scala-Gemeinschaft ist Cats die bevorzugte Bibliothek für funktionale Konstrukte.

Schauen wir uns nun das Trait `Functor` aus der Cats-Bibliothek an:

```
trait Functor[F[_]] {
      def map[A, B](fa: F[A])(f: A => B): F[B]
}
```

Listing 3.7 Das »Functor«-Trait aus »Cats« (Scala)

Wir erkennen hier die `map`-Funktion, die in jedem Funktor vorhanden ist. Aber was bedeutet `F[_]`? In Scala steht ein solcher Ausdruck für einen Typkonstruktor. In unserem Kontext repräsentiert `F` den Funktor. Wie gesagt möchten wir verdeutlichen, inwiefern die Möglichkeit zur Komposition von Funktoren nutzbringend ist. Zurück zu unserem Beispiel mit `listOfOptions`:

```
val listOfOptions = List(Some(8), None, Some(2))
```

Die Definition des Traits `Functor` in der Scala-Bibliothek Cats ist für unser Beispiel vereinfacht dargestellt. Eine mitgelieferte Methode ist `compose`. Um die Zahlen in den Optionen um `1` zu erhöhen, können wir wie folgt vorgehen:

```
Functor[List].compose[Option].map(listOption)(_ + 1)
```

Listing 3.8 Verknüpfung zweier Funktoren mit »compose« (Scala)

In diesem Ausdruck kombinieren wir eine Liste von Optionen von Integers und führen darauf eine Abbildung durch. Mittels `compose` verknüpfen wir `List` und `Option` zu einem neuen Funktor und verwenden dann die `map`-Methode dieses neuen Funktors, um mittels der anonymen Funktion `_ + 1` die Abbildung auf die Integers anzuwenden. In Scala drücken wir eine anonyme Funktion, die eine Addition um 1 durchführt, mit `_ + 1` aus. Ausgehend von:

```
val listOfOptions = List(Some(8), None, Some(2))
```

erreichen wir:

```
val listOfOptions = List(Some(9), None, Some(3))
```

Bemerkenswert ist, welche erstaunliche Menge an Funktionalität dieser Ausdruck in einer kompakten Form birgt. Dies stellt ein gutes Beispiel für die Leistungsfähigkeit der Funktorenverkettung in der funktionalen Programmierung dar.

3.2.2 Monoide

Wie bereits erwähnt, bildet eine Halbgruppe eine Menge mit einer assoziativen Operation ab. Wenn eine Halbgruppe ein Identitätselement besitzt – das heißt ein Element e in der Halbgruppe mit der Eigenschaft $e * x = x * e = x$ für alle Elemente x in der Halbgruppe, wobei * die Operation bezeichnet) – wird diese als *Monoid* bezeichnet.

In den beiden folgenden Abschnitten finden Sie einige Beispiele.

Beispiel für ein Monoid

Sei M die Menge aller nicht negativen Ganzzahlen. In Verbindung mit der Addition bildet dies eine Halbgruppe. Beachten Sie jedoch, dass 0 in der Menge M enthalten ist. Wie bekannt, resultiert die ursprüngliche Ganzzahl, wenn wir 0 zu einer nicht negativen ganzen Zahl auf der linken oder rechten Seite addieren.

Rechte und linke Seite

Die Unterscheidung zwischen »linker Seite« und »rechter Seite« wird getroffen, da nicht alle Halbgruppen kommutativ sind. In einer Halbgruppe gilt nicht immer $a * b = b * a$.

Bei nicht negativen Ganzzahlen ist die Addition kommutativ. Daher ist die Unterscheidung zwischen »links« und »rechts« in dieser Definition unnötig. Dies bildet ein Monoid, das wir wie folgt darstellen können: `(N, +, 0)`.

Noch ein Beispiel für ein Monoid

Betrachten wir ein weiteres Beispiel eines Monoids: Sei M die Menge aller ganzzahligen 2×2-Matrizen, wobei die Multiplikation der Matrizen als Operation dient. Innerhalb dieser Menge wird die Identitäts- oder Einheitsmatrix betrachtet. Diese Einheitsmatrix zeichnet sich dadurch aus, dass sie Einsen auf der Hauptdiagonale aufweist und außerhalb dieser Diagonale Nullen besitzt. In diesem Kontext handelt es sich um ein Monoid. Beachten Sie jedoch, dass die Matrixmultiplikation üblicherweise nicht kommutativ ist. Doch wenn wir die Identitätsmatrix auf der linken oder rechten Seite einer gegebenen Matrix multiplizieren, erhalten wir wiederum dieselbe Matrix.

Was bringen Monoide in der funktionalen Programmierung?

Beginnen wir mit einem einfachen Beispiel. Nehmen wir an, wir möchten eine Liste von Zahlen summieren. Betrachten wir den Java-Code in konventionellem imperativem Stil:

```
int sum(List<Integer> lst) {
        int result = 0;
        for (int i=0; i<lst.size(); i++) {
            result += lst.get(i);
        }
        return result;
    }
```

Listing 3.9 Summenbildung einer Liste von ganzen Zahlen, imperativ (Java)

Dieser Code errechnet die Summe einer Liste von ganzen Zahlen. Schauen wir uns diesen aus einer funktionalen Perspektive an. Betrachten wir zuerst die Zustandsveränderung. Der Wert von `result` ändert sich kontinuierlich im Verlauf des Programms. Gleiches gilt für den Wert von `i`. Versuchen wir uns an einer funktionalen Version dieser Funktion, die den Zustand nicht verändert und die auch Monoide verwendet, um `sum` auf einer höheren Abstraktionsebene auszudrücken. In der funktionalen Programmierung gibt es Funktionen namens `foldLeft` und `foldRight`. Diese Funktionen haben je nach Programmiersprache unterschiedliche Namen, z. B. `foldLeft`, `foldl`, `foldRight`, `foldr` und `fold`. Im Wesentlichen beruht `foldLeft` auf dem Monoidenkonzept. Ein Monoid ermöglicht die Implementierung von `foldLeft`.

Betrachten wir ein Beispiel, und zwar das folgende Monoid: Die Menge der ganzen Zahlen mit der Addition als Operation und 0 als Identitätselement. Weil es ein Monoid ist, können wir dafür die Funktion `foldLeft` implementieren. Dabei kombinieren wir die Identität mit dem ersten Element des Monoids. Anschließend nehmen wir das Ergebnis und kombinieren es auf der linken Seite mit dem nächsten Element im Monoid. Das setzen wir fort, bis keine Elemente mehr verbleiben. Dies lässt sich auch so formulieren, dass wir eine binäre Operation besitzen, die zwei Elemente miteinander verknüpft. Die »fold«-Funktionen wenden diese Operation paarweise an, um eine kumulative Berechnung durchzuführen. In Java existiert eine ähnliche Funktion namens `reduce`. Ein Beispiel hierfür lautet:

```
Integer sumAll(List<Integer>lst) {
    return lst.stream().reduce(0, Integer::sum);
}
```

Listing 3.10 Summenbildung einer Liste von ganzen Zahlen mit »reduce« (Java)

Python-Special

Lesen Sie hierzu auch den Abschnitt P5.3, »Von Monoiden bis Monaden«.

In Scala sieht es wie folgt aus:

```
def sumAll(lst: List[Integer]) = lst.foldLeft(0)(_+_)
```

Listing 3.11 Summenbildung einer Liste von ganzen Zahlen mit »foldLeft« (Scala)

In Scala ist `foldLeft` eine Methode in der Klasse `List[Int]`, und `_+_` repräsentiert eine anonyme Funktion. `foldLeft` kann in vielerlei Situationen genutzt werden. Für jedes Monoid in einer Kategorie existiert eine `foldLeft`-Funktion – beispielsweise für Zeichenketten mit Konkatenation oder für boolesche Werte mit der logischen UND-Verknüpfung. Egal wie komplex Monoide werden, es gibt immer eine `foldLeft`-Funktion, die anwendbar ist. Dies verdeutlicht die nützliche Anwendbarkeit von `foldLeft`, die sich unmittelbar aus dem Monoid-Konzept der Kategorientheorie ergibt. `foldLeft` ist eine bedeutsame Verallgemeinerung für die Addition von Zahlen, die Konkatenation von Zeichenketten oder die UND-Verknüpfung von booleschen Ausdrücken. Jedes Monoid verfügt über eine `foldLeft`- (oder `foldRight`-)Methode. Jedoch variieren die Bezeichnungen je nach Sprache, wie bereits erwähnt.

Unser Ziel ist es, *Monaden* zu erfassen, ihren Ursprung zu verstehen und ihre Relevanz in der funktionalen Programmierung zu begreifen. Zur Definition einer Monade benötigen wir zunächst das Konzept der natürlichen Transformation.

3.2.3 Natürliche Transformationen

Zur Vereinfachung gehen wir nicht auf alle technischen Details der Definition der natürlichen Transformationen ein. Natürliche Transformationen sind komplex; weitere Informationen finden Sie online. Mir geht es darum, Ihnen eine Vorstellung davon zu vermitteln, was eine Monade im Kontext der Kategorientheorie ist, und, noch wichtiger,

Ihnen zu verdeutlichen, wie nützlich Monaden in der funktionalen Programmierung sind. Wenn Sie an den theoretischen Grundlagen der Monade nicht interessiert sind, können Sie den folgenden Abschnitt überspringen. Später werde ich Monaden aus einer eher praktischen Perspektive der funktionalen Programmierung betrachten.

Wir brauchen natürliche Transformationen, um Monaden zu definieren. Wie wir bereits wissen, sind Funktoren Funktionen von einer zu einer anderen Kategorie (zum Beispiel von Scal zu Scal). Aber wir können die Perspektive ändern und eine neue Kategorie bilden, deren Objekte die Funktoren der ursprünglichen Kategorie sind.

Nochmal erklärt: Kategorie aus Funktoren

Nochmals zur Erklärung: Wir beginnen mit einer Kategorie *C*. Dann nehmen wir alle Funktoren von *C* nach *C*. Wir konstruieren eine *neue* Kategorie, deren Objekte genau diese Funktoren von *C* nach *C* sind. Danach beschreiben wir, was die Morphismen in dieser neuen Kategorie sind.

Diese Funktoren sollen nun die Objekte einer neuen Kategorie werden. Dazu benötigen wir Morphismen, also Funktionen zwischen Endofunktoren, die die Regeln für Morphismen erfüllen. Natürliche Transformationen in der Kategorie *C* entsprechen Morphismen in dieser neuen Kategorie von Endofunktoren. Welche Eigenschaften werden diese Morphismen haben?

Gehen wir von Morphismen von *C* nach *C* aus. Wir nennen diese *natürliche Transformationen*.

Wenn Ihnen das Folgende zu abstrakt ist, können Sie gerne direkt zum Abschnitt »flatMap und unit« in Abschnitt 3.2.4, »Monaden«, vorblättern.

Lassen Sie uns nun einen Endomorphismus definieren. Ein *Endomorphismus* ist ein Morphismus von einer Kategorie *C* auf sich selbst. Er ähnelt einem gewöhnlichen Morphismus, jedoch sind Quelle und Ziel identisch. Seien E_1, E_2 und E_3 drei Endomorphismen von *C*. Das bedeutet, dass sie drei Objekte von *End*(*C*) sind. Nehmen wir außerdem an, dass *f* und *g* zwei Morphismen sind, wobei $f: E_1 \rightarrow E_2$ und $g: E_2 \rightarrow E_3$. Gemäß der Morphismus-Definition haben wir dann die Komposition $g \circ \mathrm{f}: \mathrm{E}_1 \rightarrow \mathrm{E}_3$. Diese Komposition ist assoziativ.

Diese Morphismen in *End*(*C*) entsprechen den natürlichen Transformationen in der ursprünglichen Kategorie *C*. Anders ausgedrückt: Wir starten mit einer Kategorie *C*, formen die Kategorie *End*(*C*), und die Morphismen in *End*(*C*) sind die natürlichen Transformationen in *C*.

Zusammenfassung

Zusammenfassend haben wir die Kategorie *End*(*C*), die Objekte sind Funktoren von *C* nach *C*, und die Morphismen werden als natürliche Transformationen bezeichnet.

Nun stellt sich die Frage, wie wir uns von dieser Ausgangslage aus den Begriff der Monaden erschließen können. Der Schlüssel liegt dabei in der erneuten Einführung des Konzepts eines Monoids. Wir wählen einen beliebigen Endomorphismus *M* in der Kategorie *End*(*C*). Es zeigt sich, dass *M* die Struktur eines Monoids tragen kann. Somit haben wir in der Kategorie *End*(*C*) ein Monoid (*M*, *, *e*). Hierbei handelt es sich um ein Monoid innerhalb der Kategorie der Endofunktoren. Diese Konstellation definiert eine Monade. Ein Monoid in der Kategorie der Endofunktoren materialisiert sich als Monade in der Kategorientheorie.

Merke

Jede Monade ist im Grunde genommen ein Monoid, jedoch fungiert nicht jedes Monoid als Monade. Eine Monade stellt ein spezielles Monoid dar, das zusätzliche Struktur aufweist.

Der Übergang von einer simplen Kategorie hin zu einem Monoid in der Kategorie der Endofunktoren ist anspruchsvoll. Allerdings existieren anwendungsorientiertere Herangehensweisen zur Behandlung von Monaden. Tatsächlich kann die *-Operation des Monoids auf die `flatMap`-Funktion übertragen werden, die Identität *e* des Monoids auf die `unit`-Funktion. Diese beiden Funktionen ermöglichen eine pragmatischere Darstellung von Monaden.

Eine Monade erfüllt gleichzeitig die Eigenschaften eines Monoids und eines Funktors. In ihrer Rolle als Funktor verfügt sie über eine `map`-Methode, wie sie für alle Funktoren charakteristisch ist. Als Monade besitzt sie zusätzlich eine `flatMap`-Methode.

3.2.4 Monaden

Nun haben Sie eine grundlegende Vorstellung von Monaden. Doch wie manifestieren sich Monaden in der praktischen Anwendung? Müssen wir stets mit Endofunktoren operieren, um von Monaden zu profitieren? Und welchen Nutzen bringen Monaden mit sich? Tatsächlich gibt es eine wesentlich eingängigere Beschreibung von Monaden im Kontext der Scal-Kategorie (oder in einer anderen Kategorie, die mit einer Programmiersprache verknüpft ist). Diese vereinfachte Darstellung hängt eng mit den Funktionen `flatMap` und `unit` zusammen.

Merke

Monaden lassen sich auf deutlich einfachere Weise betrachten. Hierfür benötigen Sie lediglich zwei Methoden: `flatMap` und `unit`.

flatMap und unit

In Scala können die Funktionen `flatMap` und `unit` verwendet werden, um eine Monade zu definieren. Die Signaturen dieser Funktionen lauten folgendermaßen:

```
trait Monad[M[_]] {
      def flatMap[A, B](ma: M[A])(f: A => M[B]): M[B]
      def unit[A](a: A): M[A]
}
```

Listing 3.12 Definition einer Monade mit »flatMap« und »unit« (Scala)

Hierbei steht `M[_]` für einen *Typkonstruktor*. Wenn wir einen Typ `A` in `M[_]` einsetzen, erhalten wir einen neuen Typ `M[A]` (vergleichbar mit `List[A]` oder `Option[A]`). In dieser Darstellung haben wir `ma`, ein Objekt vom Typ `M[A]`, und `f`, eine Funktion von `A` nach `M[B]`, die ein Objekt vom Typ `M[B]` zurückgibt. Wir werden uns einige Beispiele ansehen, aber zunächst einmal: Wie stellt man sich Monaden in der funktionalen Programmierung vor? Die beste Herangehensweise ist, sie als Kontext oder zusätzliche Struktur für ein Objekt zu betrachten. `M` ist der Kontext von `M[A]`. Es ist, als würde `M` dem Typ `A` eine bestimmte Struktur hinzufügen.

Hinweis zum Typkonstruktor

Wenn `A` ein beliebiger Typ ist, stellt `M[A]` `A` mit zusätzlicher Struktur dar. Diese zusätzliche Struktur ist `M`.

Tauchen wir in die praktische Definition einer Monade ein. Hier haben wir `flatMap` und `unit`. Beginnen wir mit `unit`, weil es einfacher ist. `unit` nimmt ein Element vom Typ `A` und setzt es in den Kontext von `M[A]`, wobei `M` die Monade ist. Wenn `M` also `Option` ist und wir mit der Zeichenkette `"abc"` beginnen, erhalten wir das Objekt `Some("abc")`. Dieses hat den Typ `Option[String]`. Es wäre nicht ganz richtig zu sagen, dass `Some("abc")` ein String ist, aber es geht in diese Richtung. Wir könnten sagen, dass dies ein `String` im Kontext von `Option` ist – eine zusätzliche Struktur wurde hinzugefügt.

Was ist nun mit `flatMap`? Zunächst werfen wir einen Blick auf die Funktion `map`, da sie einfacher ist:

Sei `ma` vom Typ `M[A]`. Angenommen, wir haben eine Funktion $f{:}A \rightarrow B$. Dann erhalten wir mit `ma.map(f)` einen Wert vom Typ `M[B]`. `map` nimmt den Wert `ma` aus seinem Kontext `M[A]`, wendet `f` darauf an, erhält einen Wert vom Typ `B` und bettet ihn dann wieder in den Kontext ein. Das Ergebnis ist ein Wert vom Typ `M[B]`.

Wenn wir wiederum bei `ma` beginnen, einem Wert vom Typ `M[A]`, aber `f: A → M[B]` haben (was häufig vorkommt, etwa wenn `M` `Option` oder `List` ist), erhalten wir mit `map` den Ausdruck `ma.map(f)`. Bei genauer Betrachtung stellt sich heraus, dass `map` einen Wert vom Typ `M[M[B]]` zurückgibt – und das ist vermutlich nicht das beabsichtigte Ergebnis. Hier tritt `flatMap` in Aktion. `flatMap` wendet `f` auf `ma` an, verflacht jedoch das Ergebnis.

Sei `ma` vom Typ `M[A]`, und sei `f: A → M[B]`. In diesem Fall gibt `ma.flatMap(f)` einen Wert vom Typ `M[B]` zurück und nicht `M[M[B]]`.

Lassen Sie uns dies an einem Beispiel verdeutlichen:

```
case class User(name: String)

def getUser(id: Int): Option[User] = Some(User("user" + id))

val users = List(1,2,3).flatMap(id => getUser(id))
```

Listing 3.13 Mit »flatMap« aus einer Liste von IDs eine Liste von Nutzern. gewinnen (Scala)

Hätten wir hier `map` anstelle von `flatMap` verwendet, hätten wir am Ende eine Liste von Optionen erhalten. Mit `flatMap` hingegen werden die Optionen zuerst gemappt und dann verflacht. `flatMap` ist äußerst nützlich für die Verkettung von Funktionen, die Monaden involvieren.

»flatMap«

`flatMap` kann man sich folgendermaßen vorstellen: Zuerst wird `map` angewandt, dann das Ergebnis *verflacht*.

Schauen wir uns das obige Beispiel noch einmal an:

```
val users = List(1,2,3).flatMap(id => getUser(id))
```

Dieser Code verwendet die Funktion `flatMap`, um für jede Ganzzahl in der Liste die Funktion `getUser` aufzurufen und die resultierenden Optionen von Benutzern in eine verflachte Benutzerliste zu transformieren.

Übrigens: Obwohl jede Monade als Funktor eine map-Methode besitzt, ist es nicht notwendig, die Existenz der map-Methode nachzuweisen. Der Grund ist, dass mittels flatMap und unit die Ableitung der map-Methode möglich ist – hier ein Beispiel:

```
m map g = m flatMap (x => unit(g(x)))
```

Listing 3.14 Ableitung der »map«-Funktion mithilfe von »flatMap« und »unit« (Pseudo-Code)

»map«

Zu flatMap und unit bekommen Sie map kostenlos obendrauf.

Wir können eine Monade als ein Trait (oder eine Art Interface, je nach gewählter Programmiersprache) auffassen, das zwei Methoden implementiert: flatMap und unit. Zugleich verkörpert jede Monade einen Funktor, also muss sie über eine map-Funktion verfügen. Die obige Darstellung zeigt, wie diese map-Funktion mithilfe von flatMap und unit hergeleitet werden kann.

Die ausführliche Erklärung der Monade innerhalb der Kategorientheorie würde den Rahmen dieses Buchs sprengen. Ich hoffe jedoch, dass Sie nicht nur ein grundsätzliches Gefühl für die Komplexität bekommen haben, die mit der Konstruktion einer Monade verbunden ist, sondern auch für den einfacheren Programmieransatz, bei dem wir eine Monade als Schnittstelle oder Trait modellieren, die flatMap und unit implementiert.

Wenn Sie außerdem jemand fragt, was eine Monade ist, können Sie nun antworten: »Sie ist ein Monoid in der Kategorie der Endofunktionen.« Und dabei haben Sie tatsächlich eine Vorstellung davon, was damit gemeint ist.

3.3 Fazit

Sie haben das Konzept der Kategorien sowie speziell der Scal-Kategorie kennengelernt. Zusätzlich haben Sie Beispiele erhalten, wie Sie Funktoren, natürliche Transformationen, Monoide und Monaden in Ihrem Code anwenden können.

Im Verlauf dieses Buchs werde ich weitere Beispiele vorstellen. An dieser Stelle möchte ich betonen, dass Sie nicht unbedingt die Kategorientheorie in ihrer Gänze erlernen müssen, um sich mit Konstruktionen wie Funktoren und Monaden auseinanderzusetzen und diese in Ihrem eigenen Code anzuwenden. Dennoch bin ich der Überzeugung, dass ein Verständnis für die Ursprünge dieser Konzepte Ihnen helfen wird, die Zusammenhänge besser zu erfassen und möglicherweise neue Herangehensweisen zu finden, wie Sie sie in Ihrem Code einsetzen können.

Kapitel 4
Funktionale Datenstrukturen

4

Datenstrukturen gehören gemeinsam mit Algorithmen zu den Konzepten, die Sie als Informatikstudent oder Programmiererin beherrschen müssen. Genau wie das *Funktionsmuster* ist auch die *funktionale Datenstruktur* kein etabliertes Konzept mit einer einheitlichen Definition im Codekanon.

In diesem Buch bezeichne ich zwei Konzepte als funktionale Datenstrukturen:

- Strukturen, die in Funktionsmustern verwendet werden, wie beispielsweise `Option`, `Either`, `Try`, `List`. Diese Strukturen sind Monaden.
- Herkömmliche Datenstrukturen, die auf funktionale Weise implementiert sind, wodurch ihr Zustand unveränderlich bleibt, wie beispielsweise verkettete Listen.

In diesem Kapitel befassen wir uns mit der ersten Art von funktionalen Datenstrukturen und anschließend kurz mit einigen Überlegungen zu normalen Datenstrukturen, die auf funktionale Weise implementiert wurden. Bevor wir uns mit bestimmten Datenstrukturen beschäftigen, möchte ich eine Idee über funktionale Datenstrukturen erwähnen, die in der Literatur diskutiert wurde. Dazu zunächst ein Zitat von Alan Perlis[1]:

> *Es ist besser, 100 Funktionen auf einer Datenstruktur anzuwenden, als 10 Funktionen auf 10 Datenstrukturen einzusetzen.*

Erfahrene funktionale Programmierer nutzen häufig eine begrenzte Auswahl an Datenstrukturen: zum Beispiel verkettete Listen, Arrays und Hashtabellen sowie Strukturen wie `Option`, `Either` und `Try`. Mit diesen beschäftigen wir uns im Folgenden. Meiner Ansicht nach liegt dem genannten Zitat die Idee zugrunde, dass eine geringere Vielfalt an Datenstrukturen zu einem kohärenteren und einfacheren Code führt. Sehen wir uns nun einige besonders funktionale Datenstrukturen näher an. Wir beginnen mit `Option`.

1 *https://oreil.ly/5lY7y*

4.1 Die Option-Datenstruktur

Ich verwende das Wort *Option* als sprachneutralen Begriff (statt als Bestandteil einer bestimmten Programmiersprache). Verschiedene Programmiersprachen bieten eine Version dieser Datenstruktur an, und ich werde einige Beispiele hierzu aufzeigen. Lassen Sie uns jedoch zunächst das Konzept konkretisieren. Idealerweise sollten wir mit dem `null`-Konstrukt beginnen. `null` repräsentiert einen möglicherweise nicht vorhandenen Wert, eine optionale Ausprägung oder eine Situation, in der der Wert unbekannt ist. Ein Problem im Zusammenhang mit `null` besteht darin, dass ein Programm eine Nullzeiger-Ausnahme (`NullPointerException`) auslöst, wenn eine Variable ein Objekt enthält, aber der Wert dieser Variablen `null` ist und für dieses Objekt eine Methode aufgerufen wird. Ausnahmen unterbrechen die referenzielle Transparenz und sind daher im Kontext des funktionalen Programmierens unerwünscht. Tony Hoare, der Urheber der Null-Referenz `null`, nannte diese seinen »Milliarden-Dollar-Fehler«:

> *Ich bezeichne ihn als meinen Milliarden-Dollar-Fehler. Es war die Einführung der Null-Referenz im Jahr 1965. Zu jener Zeit entwickelte ich das erste umfassende Typsystem für Referenzen in einer objektorientierten Sprache (ALGOL W). Mein Ziel war es, eine uneingeschränkt sichere Verwendung von Referenzen sicherzustellen, wobei die Überprüfung automatisch durch den Compiler erfolgt. Doch der Versuchung, eine Null-Referenz einzuführen, konnte ich nicht widerstehen, einfach weil ihre Implementierung so einfach war. Dies führte zu zahllosen Fehlern, Schwachstellen und Systemabstürzen, die in den letzten vierzig Jahren vermutlich Schäden und Probleme in Höhe von einer Milliarde Dollar verursacht haben.*[2]

Doch wie gehen wir ohne die Verwendung von `null` mit einem Datenelement um, das optional ist oder keinen Wert haben darf? Nun, eines der Hauptprobleme von `null` besteht darin, dass es keine spezifische Typzuweisung aufweist. Wie wäre es, wenn wir einen Typ schaffen könnten, der den Fall eines fehlenden oder optionalen Werts repräsentiert? Dies ist in vielen Programmiersprachen bereits möglich. Falls es in einer Programmiersprache nicht vorgesehen ist, ist es dennoch nicht schwer, dies umzusetzen. Es gibt verschiedene Wege, auf diesen Typ zu verweisen, jedoch verwenden die meisten Varianten das Konzept der Option. Ein bekanntes Beispiel dafür ist `Option` in Java. In Python gibt es ein Objekt, das in manchen Aspekten `Option` ähnelt, jedoch nicht die volle Funktionalität aufweist: `None`. Dennoch ist es möglich, in Python ein Konzept ähnlich der Option zu implementieren. Die Grundidee hinter `Option` ist folgende: Stellen Sie sich

2 Hoare, Tony. »Null References: The Billion Dollar Mistake.« Historically Bad Ideas. Vortrag auf der QCon, 2009, *https://oreil.ly/sQSnH*.

vor, wir haben eine Methode, die eine `id` als Parameter erhält und ein `Customer`-Objekt zurückgibt. Wie reagieren wir, wenn es keinen `Customer` mit der angegebenen `id` gibt?

Vorsicht mit Ausnahmen

Es wäre zwar möglich, eine Ausnahme auszulösen, wenn `Customer` nicht gefunden wird. Jedoch widerspricht dies den funktionalen Prinzipien, da die referenzielle Transparenz verletzt würde. Wenn eine Funktion eine Ausnahme auslöst, ist nicht mehr gewährleistet, dass dieselbe Eingabe stets dieselbe Ausgabe ergibt.

Selbst wenn Sie Ausnahmen mögen, ist dieses Beispiel kein angemessener Anwendungsfall für eine solche. Eine Ausnahme sollte nicht auftreten, geschieht aber dennoch. Es gibt kaum Grund zur Annahme, dass eine vom System generierte `id` tatsächlich einem existierenden `Customer` entspricht. Diese Situation ist keineswegs ungewöhnlich und könnte sogar als erwartet betrachtet werden. Wie also könnten wir ohne eine Ausnahme mit dieser Situation umgehen? Hier kommt das Option-Konstrukt ins Spiel. Mit »Option« meine ich eine allgemeine Datenstruktur und nicht ein Konstrukt in einer bestimmten Programmiersprache. Eine Option besteht im Wesentlichen aus zwei Teilen: einem Container, der einen Wert beinhaltet, wenn ein gültiger Wert auf irgendeine Art und Weise berechnet oder erhalten wurde, sowie einem zweiten Teil, der den Fall eines fehlenden gültigen Werts abdeckt. In einer Sprache ohne Option kann in dieser Situation stattdessen oft der Typ `null` verwendet werden. Ein Beispiel in Scala verdeutlicht dies. Betrachten wir erneut die Situation, in der ein Kunde anhand einer `id` abgerufen werden soll. In Scala können wir folgendermaßen vorgehen:

```
def getCustomer(id: Int): Option[Customer] = {
    // Kunde aus der Datenbank abrufen
}
```

Listing 4.1 Nochmal einen Kunden anhand einer ID abrufen (Scala)

Diese Funktion kann zwei verschiedene Rückgabewerte liefern. Wenn `id` einem Kunden entspricht, gibt die Methode zurück:

```
Some(customer)
```

Existiert kein `Customer` für die angegebene `id`, wird zurückgegeben:

```
None
```

Damit können geeignete Maßnahmen für diese Situation ergriffen werden. Falls `Some(customer)` zurückgegeben wird, kann der Kunde auf verschiedene Weisen aus dem

Some-Container extrahiert werden. Ein gängiger Weg ist die Verwendung der Pattern-Matching-Funktion in Scala:

```
getCustomer(17) match {
    case Some(customer) => //etwas mit customer tun
    case None => // Maßnahmen zur Behandlung dieser Situation ergreifen
}
```

Listing 4.2 Auf »Some« und »None« reagieren mit »match« (Scala)

Ein anderer, vielleicht gebräuchlicherer Ansatz ist die Verwendung einer Funktion höherer Ordnung wie `map`, `flatMap` oder `filter`. Ein Beispiel:

```
val customer = getCustomer(17) map { customer => customer.firstName}
```

Wenn ein Wert gefunden wurde, enthält `customer` den Wert `Some("Peter")`. Wurde kein `customer` gefunden, wird `None` zurückgegeben, was vom Programmierer entsprechend abgefangen werden kann.

»Some« und »None« sind Typen

Es ist wichtig zu verstehen, dass `Some` und `None` Typen sind und der Compiler daher Fehler in diesem Kontext erkennen kann – anders als bei `null`, das erst zur Laufzeit (nicht zur Kompilierzeit) auftritt.

Betrachten wir nun eine Liste von `Option`-Objekten, die entweder `Some(customer)` oder `None` enthalten. Und nehmen wir an, Sie wollten diese Liste in eine Kundenliste umwandeln und dabei die `None`-Werte ignorieren. Nehmen wir weiter an, `getCustomers` gibt eine Liste von Optionen von `Customer`-Objekten zurück. Das `Customer`-Objekt könnte durch eine `case class` repräsentiert werden:

```
case class Customer(id: Int, firstName: String)
```

Die Liste der `Customer`-Optionen könnte so aussehen:

```
val customers = List(Some(Customer(1,"Bob")), None, Some(Customer(33, "Lee")),
   None, Some(Customer(5, "Rhonda")))
```

In diesem Fall könnten wir folgendermaßen vorgehen:

```
customers.flatten
```

Das Ergebnis wäre:

```
List(Customer(1, "Bob"), Customer(33, "Lee"), Customer(5, "Rhonda"))
```

Nun betrachten wir einige Beispiele in Java:

```
    Optional<User> optUser = findUserById(123);

    optUser.ifPresent(user -> {
        System.out.println("User's name = "
    + user.getName());})
}
```

Listing 4.3 Beispiele in Java

In diesem Beispiel gibt `findUserById` ein `Optional` eines `User`-Objekts zurück, wenn eines für die jeweilige `id` gefunden wird. Andernfalls wird der Code in den geschweiften Klammern nicht ausgeführt. Eine ältere Methode wäre gewesen, dass `findUserById` `null` zurückgibt, wenn kein `User` gefunden wurde. Das Problem dabei ist, dass eine `NullPointerException` auftritt, wenn eine Methode auf das `User`-Objekt aufgerufen wird und tatsächlich `null` zutrifft. Beim vorangehenden Code mit `Optional` wird keine Ausnahme ausgelöst.

In Python existiert keine `Option`-Klasse. Es gibt zwar das `None`-Objekt, doch dieses deckt nur die eine Hälfte des Option-Konzepts ab. Dennoch kann es nützlich sein, wie im folgenden Beispiel:

```
def getUser(id):
    #Nutzer aus Datenbank abrufen

    #bei Fehlschlag
    return None
```

Listing 4.4 Das »None«-Objekt in Python

Dann können Sie bei der Verwendung dieser Funktion wie folgt vorgehen:

```
if getUser(789) is not None:
   #Aktion durchführen
```

Sie könnten anmerken, dass dies stark nach einer Nullprüfung aussieht, und ich stimme Ihnen zu. Wenn Sie wirklich möchten, könnten Sie in Python eine `Option`-Klasse erstellen. Eine Möglichkeit sehen Sie hier:

```
class Option:
    def get_or_else(self, default):
        return self.value if isinstance(self, Some) else default
class Some(Option):
    def __init__(self, value):
        self.value = value
class Nothing(Option):
    pass
```

Listing 4.5 Eine »Option«-Klasse in Python

Ich habe `Nothing` gewählt, weil Python bereits ein `None`-Objekt enthält. Das ist nicht besonders »pythonisch«, bietet jedoch eine Möglichkeit, die Aufgabe zu bewältigen.

In C# existiert ebenfalls eine Version dieses Konzepts. Zwar handelt es sich dabei nicht direkt um eine `Option`-Struktur, jedoch um eine Konstruktion, um das Problem der `null`-Werte bei bestimmten Datentypen zu behandeln: Mit dem Typ `Nullable` können wir explizit darstellen, dass eine Variable einen `null`-Wert annehmen kann. Für einen gegebenen Typ, beispielsweise `int`, kann der `Nullable`-Typ verwendet werden:

```
Nullable<int>
```

Listing 4.6 Syntax für »Nullable«-Typen in C#

Es handelt sich hierbei um einen generischen Typ. Eine kurze Schreibweise dafür ist:

```
int?
```

Ein Beispiel für die Verwendung:

```
Nullable<int> n1 = new Nullable<int>(10);
Nullable<int> n2 = null;

if (n1.HasValue) {
   process(n1.Value);
} else {
  // n1 enthält einen null-Wert.
}
```

Listing 4.7 Verwendung eines »Nullable«-Typen in C#

Dies ist eine Möglichkeit, `null`-Werte sicher zu behandeln und eine `NullPointerException` zu vermeiden.

4.2 Die Try-Datenstruktur

Das Option-Konstrukt ist zwar nützlich und stellt eine Verbesserung gegenüber null dar, aber es bietet im Gegensatz zu Ausnahmen keinen Hinweis darauf, warum kein gültiger Wert vorhanden ist. Optionen sind in vielen Situationen eine großartige Lösung, aber manchmal benötigen Sie Informationen darüber, was schiefgelaufen ist. Das Try-Konstrukt geht auf dieses Problem ein. So wie es bei Option Some und None gibt, gibt es bei Try Success und Failure. Failure umschließt die geworfene Ausnahme. Zwar versuchen wir in der funktionalen Programmierung, Ausnahmen so weit wie möglich zu vermeiden, jedoch ist das nicht immer praktikabel. Try ist eine Lösung für dieses Problem. Hier etwas Code:

```
def divide(a: Float, b: Float): Try[Float] = Try(a/b)
```

Listing 4.8 Ausnahmen vermeiden mit »Try« (Scala)

Daraufhin könnten wir folgendermaßen vorgehen:

```
divide(3, 0) match {
   case Success(result) => // Aktionen mit dem Ergebnis durchführen
   case Failure(ex) => println(ex.getMessage)
}
```

Listing 4.9 Zur Auswertung von »Try« gibt es »Success« und »Failure«. (Scala)

Ein Beispiel für Try in einer for-Abstraktion:

```
def toInt(s: String): Try[Int] = Try(Integer.parseInt(s.trim))

val y = for {
    a <- toInt("9")
    b <- toInt("3.5")
    c <- toInt("6")
} yield a + b + c
```

Listing 4.10 Auch eine »for«-Schleife kann mit »Failure« umgehen. (Scala)

Beachten Sie, wie gut der Fehlerfall behandelt wird. Y enthält entweder ein Success, das die Summe von a, b und c umhüllt, oder ein Failure mit einer Ausnahme.

In diesem Fall lautete das Ergebnis:

```
Failure(java.lang.NumberFormatException: For input string: "3.5")
```

Listing 4.11 Ergebnis der »for«-Schleife im Fehlerfall (Scala)

4.3 Die Either-Datenstruktur

Auch wenn der `Try`-Typ Ihnen mehr Informationen über einen Fehlschlag oder ein außergewöhnliches Ergebnis liefert als `Option`, fragen Sie sich möglicherweise, ob es einen Typ gibt, der Ihnen mehr Flexibilität bietet. Das `Either`-Konstrukt löst dieses Anliegen auf folgende Weise: Ein `Either`-Objekt kann entweder `Right` oder `Left` sein. `Right` entspricht dabei dem `Some`-Typ von `Option`, während `Left` eine Analogie zu `None` darstellt, mit dem Unterschied, dass es jeglichen Typ einschließen kann. Ein Beispiel in Scala verdeutlicht dies:

```
def divide(a: Int, b: Int): Either[String, Int] = {
    if (b == 0)
      Left("Can't divide by zero.")
    else
      Right(a/b)
}
```

Listing 4.12 »Either«-Objekte mit »Left«- und »Right«-Wert (Scala)

Die Verwendung könnte in etwa wie folgt aussehen:

```
divide(a, b) match {
    case Left(msg) => // verarbeite msg
    case Right(res) => // verarbeite res
}
```

Listing 4.13 Auswertung eines »Either«-Objekts (Scala)

`Left` und `Right` können unterschiedlichste Typen umhüllen. Nehmen wir als Beispiel die benutzerdefinierten Typen `User` und `Error`:

```
case class User(id: Int, firstName: String)

case class Error(id: Int, text: String)
```

```
def getUser(id: Int): Either[Error,User] = {
    // falls ein Benutzer erfolgreich von der API bezogen wird
    Right(User(id, firstName))

    //sonst, im Fehlerfall
    Left(id, text)
}
```

Listing 4.14 »Either«-Konstrukt mit benutzerdefinierten Typen

Nun können wir folgendermaßen vorgehen:

```
getUser(4) match {
    case Right(user) => println(user.firstName)
    case Left(error) => println(error.text)
  }
```

Listing 4.15 Auswertung des »Either«-Objekts mit benutzerdefinierten Typen

`Left` kann sogar eine Ausnahme umhüllen, wenn dies aus irgendeinem Grund notwendig oder sinnvoll erscheint und `Try` nicht verwendet werden soll. Denkbar ist etwa die Verwendung einer Bibliothek, die eine Ausnahme auslöst. Es ist stets möglich, die Ausnahme abzufangen und stattdessen einen mit `Left` umhüllten Fehlertyp zurückzugeben.

Mit zunehmender Vertiefung in die funktionale Programmierung wird es sinnvoll und in manchen Fällen sogar notwendig sein, funktionale Bibliotheken von Drittanbietern einzusetzen, die viele der besprochenen Strukturen beinhalten. Sie haben bereits Beispiele in Scala, Java, Python und C# gesehen. Diese Sprachen unterscheiden sich in der Frage, wie viel funktionale Programmierung ohne Bibliotheken möglich ist, jedoch benötigen alle für bestimmte Aspekte solche Bibliotheken.[3] In Java stehen mindestens zwei Bibliotheken zur Verfügung, die funktionale Konstrukte ermöglichen: zum einen *Functional Java* (*https://oreil.ly/5lY7y*), zum anderen *Vavr* (*https://www.vavr.io*). Ich werde Beispiele aus Vavr liefern und jeweils vermerken, wenn der Code auf Vavr basiert. Sehen wir uns an, wie `Either` in Java mit Vavr aussieht:

```
private static Either<String, User> getUser(int id) {
    // Code, der einen Benutzer gefunden hat
        return Either.right(user);
    } else {
```

3 Eine Ausnahme ist die rein funktionale Programmiersprache Haskell.

```
        return Either.left(String.format("No user found with id %s", id);
    }
}
```

Listing 4.16 »Either« aus der Bibliothek Vavr (Java)

Wie sieht es mit funktionalen Bibliotheken für Python aus? Eine ausgezeichnete Option ist *OSlash*[4]. Mit OSlash können wir in Python beispielsweise Folgendes schreiben:

```
def get_user(id):
    # Im Erfolgsfall wird ein user-Objekt zurückgegeben

    return Right(user)
    # Im Fehlerfall wird ein Fehlerobjekt zurückgegeben
    return Left(error)
```

Listing 4.17 »Right« und »Left« aus der Bibliothek OSlash (Python)

Dann ist Folgendes möglich:

```
if isinstance(result,Right):
   # Aktion mit Erfolgsergebnis durchführen
else:
    # Ergebnis ist ein Fehler
```

Listing 4.18 Auswertung von »Right« und »Left« aus OSlash (Python)

4.4 Funktionen höherer Ordnung

Manche Funktionen geben Datenstrukturen wie `Option` oder `Either` zurück. Sie eignen sich für die Programmierung mit Funktionen höherer Ordnung. Sehen wir uns zunächst ein paar einfache Beispiele an.

```
case class User(id, firstName)

val users: List[Option[User]] = List(Some(User(1, "Jack")),
  None, Some(User(2, "Andrea")), None, None)
```

Listing 4.19 Liste von Benutzern mit »Option«-Datenstruktur (Scala)

4 *https://github.com/dbrattli/OSlash/tree/master/oslash*

Diese Liste users könnte das Ergebnis einer Funktion sein, die eine API abfragt und Optionen von Benutzerdaten zurückgibt. Wenn für eine bestimmte id kein User gefunden wird, wird None zurückgegeben. Um nur die users zu erhalten und die None-Werte zu entfernen, können wir die Methode flatten verwenden:

```
users.flatten
```

Das ergibt:

```
List(User(1,"Jack"),User(2,"Andrea"))
```

Eine häufige Situation in der funktionalen Programmierung ist eine Datenpipeline, in der Werte durch eine Abfolge von Transformationen fließen. Jeder Transformationsschritt kann dabei als Funktion höherer Ordnung implementiert sein. Gehen wir zum Beispiel von einer Scala-Funktion getUsers aus, die eine Liste von Either[Error,User] zurückgibt. Dabei besitzt User ein Feld email. Angenommen, wir möchten alle Benutzer mit einem *example.com*-Konto herausfiltern. Das erwartete Ergebnis ist List [Either[Error,String]], wobei String die E-Mail-Adresse darstellt. Ein imperativer Ansatz, der die Liste in Schleifen durchläuft, wäre etwas unübersichtlich. Deshalb können wir einen funktionalen Ansatz verwenden, der auf Funktionen höherer Ordnung basiert. Er ermöglicht eine direkte Umsetzung und vereinfacht den Code erheblich, ohne auf Schleifen zurückzugreifen:

```
case class User(id: Int, email: String)
case class Error(id: Int, text: String)

def getUsers(): List[Either[Error,User]] =
    List(Right(User(1, "jack@example.com")),
    Left(Error(4,"user not found")),
    Right(User(2, "andrea@example.com")))
```

Listing 4.20 E-Mail-Extraktion auf einer Liste von »Either«-Objekten (Scala)

Nun können wir mit der map-Methode die E-Mail-Adressen der Benutzer extrahieren:

```
val emails = getUsers().map(either => either.map(u => u.email))
```

Dadurch enthält die Liste emails die folgenden Werte:

```
List(Right(jack@example.com), Left(Error(4,user not found)),
    Right(andrea@example.com))
```

Auf diese Weise können Sie die Hierarchie der Datenfelder durchqueren, um zu den gewünschten Informationen zu gelangen.

4.5 Monaden und Scala-Abstraktionen

Wie wir bereits gesehen haben, sind `List`, `Option`, `Try` und `Either` Monaden. Monaden sind in Scala besonders nützlich, wenn es um `for`-Abstraktionen geht. Hier ein Beispiel:

```
case class Student(id: Int, email: String)
case class FinalGrade(grade: Double)
def getStudent(id: Int): Option[Student] = ???
def getFinalGrade(student: Student): Option[FinalGrade]
```

Listing 4.21 Scala

Python-Special

Hier passt der Abschnitt B.6.5, der zeigt, wie Sie die Übertragung der folgenden Listings mit Pythons Generatoren mit »do« angehen können.

Die Funktion `getStudent` versucht, ein Objekt vom Typ `Student` mit der angegebenen `id` zu finden. Wenn es gefunden wird, gibt sie beispielsweise `Some(Student(493, "Alex"))` zurück, andernfalls `None`.

Wir können nun die `for`-Abstraktion verwenden:

```
for {
    // getStudent liefert eine Monade
    student <- getStudent(999)
    // getFinalGrade liefert eine Monade
    finalGrade <- getFinalGrade(student)
} yield (student,finalGrade)
```

Dabei würde ein Tupel zurückgegeben werden, das aus einer `Option` für `student` und einer `Option` für `finalGrade` besteht. Falls eine der Optionen `None` ist, wäre auch der Wert der gesamten `for`-Abstraktion `None` anstatt des Tupels der Werte. Die Verwendung der `for`-Abstraktion ermöglicht es, funktionalen Code auf eine klare und verständliche Weise zu schreiben, ähnlich wie in einem traditionellen imperativen Programm. In vielen Fällen ist dies der Weg, funktionalen Code gut lesbar und wartungsfreundlich zu gestalten. Tatsächlich ist die for-Abstraktion eigentlich nur syntaktischer Zucker für eine Kette von flatMap- und map-Aufrufen. Jede Monade verfügt über flatMap und map. Beginnen wir mit einer Option-Liste von students:

```
case class Student(id: Int, email: String)
val students = List(Some(Student(1,"jack@example.com")), None,
                    Some(Student(2, "andrea@example.com")), None)
```

Listing 4.22 Scala

Wenn Sie nur die students aus den Optionen extrahieren und die None-Werte ignorieren möchten, können Sie den einfachen flatten-Aufruf verwenden:

```
students.flatten
// Dies ergibt:
// List(Student(1,"jack@example.com"), Student(2,"andrea@example.com"))
```

Nehmen wir jetzt an, Sie sind nur an den emails interessiert und möchten davon eine Liste erhalten:

```
students.flatten.map(student => student.email)
// Dies ergibt:
// List("jack@example.com","andrea@example.com")
```

Hier haben wir zunächst flatten und dann map. Manchmal möchten Sie jedoch erst map anwenden und dann flatten. Genau dafür ist flatMap da. Hier ein Beispiel:

```
students.flatMap(optStudent => optStudent)
// Dies ergibt:
// List(Student(1,"jack@example.com"), Student(2,"andrea@example.com"))
```

In diesem Fall haben wir für map die Identitätsfunktion verwendet. Dadurch wurde der flatMap-Aufruf auf einen flatten-Aufruf reduziert. Wir haben nicht die volle Leistung von flatMap ausgenutzt. Betrachten wir ein komplexeres Beispiel. Nehmen wir an, eine getStudent-Funktion erwartet eine id und gibt eine Student-Option zurück. Dies ist eine gute Idee, da einige ids eventuell keinen zugehörigen Student haben. Hier der Code:

```
def getStudent(id: Int): Option[Student] = {
    id match {
      case 1 => Some(Student(1, "jack@example.com"))
      case 2 => Some(Student(2, "andrea@example.com"))
```

```
      case _ => None
    }
  }
```

Listing 4.23 Implementierung der »getStudent«-Funktion (Scala)

Jetzt haben wir eine `id`-Liste und möchten die zuvor genannte Funktion auf diese Liste anwenden. Die Funktion gibt jedoch eine `Option` zurück. Wir können wie folgt vorgehen:

```
List(1,2,3).map(id => getStudent(id))
```

Dies ergibt:

```
List(Some(Student(1,jack@example.com)), Some(Student(2,andrea@example.com)), None)
```

Das ist wahrscheinlich nicht das gewünschte Ergebnis. `flatMap` ist die Rettung:

```
List(1,2,3).flatMap(id => getStudent(id))
```

Jetzt ergibt sich:

```
List(Student(1,jack@example.com), Student(2,andrea@example.com))
```

Perfekt! `flatMap` ist hilfreich, wenn Sie eine Liste (oder eine andere Monade) mappen möchten und die angewandte Funktion ihrerseits eine Monade zurückgibt. Der `flatten`-Teil von `flatMap` extrahiert das Ergebnis aus seinem *Container*, d. h. seiner ursprünglichen Monaden-Ebene.

4.6 Traditionelle Datenstrukturen

Nun beschäftigen wir uns mit traditionellen im Vergleich zu funktionalen Datenstrukturen.

4.6.1 Unveränderlichkeit und Historie

Wie in allen Aspekten der funktionalen Programmierung ist die Unveränderlichkeit ein wichtiges Puzzlestück. Mit *Historie* meine ich, dass in der funktionalen Programmierung Daten unveränderlich bleiben. Wenn wir eine Änderung vornehmen möchten, müssen wir eine Kopie erstellen, die die Änderungen enthält, während der vorherige Zustand unverändert bleibt. Ein Beispiel hierfür ist ein Stapel (Stack), der in funktionaler Weise implementiert werden kann. Bei Operationen wie `push` sollte eine Kopie des Stacks erstellt werden, anstatt ihn direkt zu verändern. Dies erfordert üblicherweise effiziente Kopiermechanismen, für die verschiedene Algorithmen existieren. Es gibt sogar Datenbanken, die diesem Paradigma folgen. Ein Beispiel ist Datomic, eine Datenbank, die von Rich Hickey, dem Schöpfer der Programmiersprache Clojure (die viele funktionale Eigenschaften aufweist), entwickelt wurde. Datomic speichert Daten niemals überschreibend. Stattdessen behält sie Kopien aller Daten und Änderungen. So findet das funktionale Paradigma immer mehr Verbreitung.

Ob eine traditionelle Datenstruktur funktional ist oder nicht, hängt von ihrer spezifischen Implementierung ab.

4.6.2 Trägheit

Wir haben bereits im Zusammenhang mit funktionalen Programmiersprachen auf das Konzept der Trägheit hingewiesen (siehe Abschnitt 1.4, »Lazy Evaluation«). Der Grundgedanke dabei ist, dass eine Funktion oder ein Prozess als *lazy* bezeichnet wird, wenn eine Auswertung nur bei Bedarf erfolgt. Dies beinhaltet die Idee, dass bei der Ausführung einer längeren Berechnung durch eine Funktion der Wert gespeichert oder *memoisiert* und dann genutzt wird, wenn er das nächste Mal benötigt wird (wenn möglich). Dieses Merkmal ist eine nützliche Eigenschaft für das Erstellen effizienter funktionaler Datenstrukturen. Haskell ist eine Sprache, die Lazy Evaluation unterstützt; Scala bietet ein Schlüsselwort `lazy`, ist jedoch standardmäßig nicht lazy. Allgemein kann man sagen, dass eine Sprache, die teilweise oder vollständig Lazy Evaluation unterstützt, speziell für die zumindest teilweise funktionale Programmierung entwickelt wurde.

Merke

Laziness ermöglicht es uns, einen Ausdruck erst dann auszuwerten, wenn – und nur wenn – wir ihn brauchen.

4.7 Fazit

Zusammenfassend lassen sich zwei Arten von funktionalen Datenstrukturen unterscheiden. Die eine besteht aus Konstrukten, die aus der Kategorientheorie stammen, oft über Haskell, und Funktionen wie `map` und `flatMap` beinhalten, wodurch sie zu Monaden werden. Die zweite Art umfasst traditionelle Datenstrukturen, die nach den oben genannten Prinzipien implementiert wurden.

Kapitel 5
Unveränderlichkeit im Detail

5

Wir haben gesehen, wie bedeutsam Unveränderlichkeit im Kontext der funktionalen Programmierung ist. Dieses Kapitel konzentriert sich auf diverse Techniken, die die Umsetzung von Unveränderlichkeit vereinfachen. Hierzu zählen Rekursion, Funktionen höherer Ordnung sowie die Verknüpfung von Monoiden mit Funktionen höherer Ordnung. In diesem Kapitel führen wir ein neues Muster ein, das wir als *Monoid und Fold* bezeichnen und das zahlreiche scheinbar verschiedene, jedoch tatsächlich sehr ähnliche Funktionstypen repräsentiert. Beginnen wir das Kapitel mit einer Betrachtung der veränderbaren und unveränderbaren Variablen.

Unveränderlichkeit

Unveränderlichkeit stellt eine Schlüsseleigenschaft im funktionalen Code dar. Je weniger mutable Zustände ein Programm aufweist, desto weniger muss bei der Programmierung beachtet werden. Zahlreiche Programmierfehler resultieren aus der Schwierigkeit, eine Vielzahl von sich ändernden Details gleichzeitig im Blick zu behalten. Veränderungen im Zustand führen zu komplexem Code, der überwacht und kontrolliert werden muss.

5.1 Veränderliche und unveränderliche Variablen

Nahezu alle Programmiersprachen bieten die Möglichkeit, eine Variable zu erzeugen, ihren Wert festzulegen und diesen zu einem späteren Zeitpunkt zu modifizieren. Eine Ausnahme hiervon bildet beispielsweise Haskell, eine Sprache, die diese Praktik nicht gestattet. Eine Variable, deren Wert nach der Festlegung geändert werden kann, wird als veränderliche Variable bezeichnet.

Veränderliche Variablen

In der imperativen und objektorientierten Programmierung sind veränderliche Variablen weit verbreitet. Wie bereits erwähnt, verzichten wir in der funktionalen Programmierung möglichst auf den Einsatz von veränderlichen Variablen.

Insbesondere im Kontext von Nebenläufigkeit und Parallelität, auf die wir im folgenden Kapitel eingehen werden, erweist sich Unveränderlichkeit als äußerst hilfreich. Im Moment widmen wir uns jedoch genauer der Frage, wie Unveränderlichkeit erreicht werden kann. Sie haben bereits erkannt, wie sinnvoll es ist, eine Variable durch Erzeugung einer neuen Instanz mit einem neuen Wert zu »kopieren«, anstatt den bestehenden Wert zu ändern:

```
case class User(firstName: String, age: Int)
val user = User("Peter", 34)
```

Listing 5.1 Nutzer-Klasse mit einer Eigenschaft für das Alter (Scala)

Nächstes Jahr sieht es dann so aus:

```
user.copy("Peter", age = 35)
```

Listing 5.2 Der Nutzer ist älter geworden. Das Objekt wird nicht verändert, sondern kopiert (Scala).

Hier wird eine neue Instanz von `User` erstellt, anstatt lediglich die `age`-Variable in der ursprünglichen Instanz zu verändern. Das Prinzip des Kopierens stellt eine der Möglichkeiten dar, Unveränderlichkeit umzusetzen.

Kopieren statt Verändern

In funktionalen Programmen bevorzugen wir es, Objekte zu kopieren, statt ihre Variablenwerte zu ändern.

Ein weiterer Weg zur Umsetzung von Unveränderlichkeit ist der Einsatz von Rekursion. Dieses Konzept behandeln wir im nächsten Abschnitt.

5.2 Rekursion

Rekursivität ist eine charakteristische Eigenschaft mancher Funktionen. Einfach ausgedrückt ist eine Funktion *rekursiv*, wenn sie innerhalb ihres eigenen Funktionskörpers erneut aufgerufen wird. Bei genauerem Hinsehen mag dies befremdlich erscheinen. Wie kann `f` sich selbst aufrufen, wenn `f` noch nicht vollständig definiert ist? Man könnte eine Endlosschleife erwarten. Und tatsächlich kann eine schlecht definierte rekursive Funktion leicht zu einer Endlosschleife führen.

Ein klassisches Beispiel für eine solche Funktion möchte ich an dieser Stelle nicht unerwähnt lassen:

```
def f():
    return f()
```

Listing 5.3 Endlose Rekursion? Probieren Sie es gern aus ... (Python)

Dies ist die elementarste Form einer rekursiven Funktion. Was passiert, wenn wir versuchen, sie aufzurufen? Falls Sie nicht sicher sind, probieren Sie es aus. In Abschnitt 1.1, »Unveränderlichkeit«, haben wir folgendes Beispiel für Rekursion betrachtet:

```
void f(int i) {
 if (i > 99) {
 return;
 }
 else {
 System.out.println(i)
 return f(i+1)
 }
}
```

Listing 5.4 Rekursive Funktion, die bis 99 zählt (Java)

In diesem Beispiel erfolgt keine Veränderung eines Zustands. Stattdessen schreitet die Rekursion voran, indem die Funktion jedes Mal mit einem *anderen* Wert von `i` *aufgerufen* wird.

Sehen wir uns nun ein anschaulicheres Beispiel an.

5.2.1 Ein Beispiel für eine verkettete Liste

Wir werfen einen Blick auf einen Code, der auf die herkömmliche, veränderliche Weise geschrieben wurde. Anschließend beschäftigen wir uns damit, wie wir ihn in eine funktionale Variante überführen können. Der folgende Code definiert eine verkettete Liste und fügt ihr einen Knoten hinzu. Beachten Sie, dass hier das Schlüsselwort `var` verwendet wird, das in Scala eine veränderbare Variable bezeichnet.

Beginnen wir mit dem imperativen Ansatz:

```
case class Node[A](data: A, var next: Option[Node[A]])

def nodeAppend[A](node: Node[A], toAppend: Node[A]): Node[A] = {
    if (node.next == None) {
        node.next = Some(toAppend)
    } else {
```

```
        var current = node
        while (current.next != None) {
            current = current.next.getOrElse(current)
        }
        current.next = Some(toAppend)
    }
    node
}
```

Listing 5.5 Verwaltung einer verketteten Liste mithilfe veränderlicher Variablen (Scala)

Beachten Sie, dass `next` eine `var` ist, also eine veränderbare Variable, und dass die Methode `nodeAppend` die aktuelle Variable – ebenfalls eine `var` – ständig aktualisiert. Unser Ziel ist es, die `var`s in diesem Code durch `val`s zu ersetzen. Dadurch wird gewährleistet, dass wir keine Veränderungen an den Variablen vornehmen können. Hierfür setzen wir eine Funktion höherer Ordnung namens `fold` ein. `fold` nimmt einen Startwert entgegen sowie eine Funktion, die angibt, wie zwei Werte kombiniert werden können. Hier ein einfaches Beispiel, um Zahlen in einer Liste zu addieren:

```
val lst = List(1,2,3,4,5)
lst.fold(0)((m,n) => m + n) // Dies ergibt 15
```

Listing 5.6 Addieren von Zahlen in einer Liste mit »fold« (Scala)

`fold` nutzt Currying[1] und ermöglicht das Durchlaufen einer Liste oder einer anderen Datenstruktur, wobei die Elemente dieser Struktur kombiniert werden. Sehen wir uns an, wie wir `fold` in Kombination mit Kopien und Rekursion verwenden können, um eine unveränderliche Version des obigen Codes für eine verkettete Liste zu programmieren:

```
case class Node[A](data: A, next: Option[Node[A]])

def nodeAppend[A](node: Node[A], toAppend: Node[A]): Node[A] =
  node.next.fold(node.copy(next = Some(toAppend)))(
        nxt => node.copy(next = Some(nodeAppend(nxt, toAppend))))
```

Dies mag anfangs verwirrend erscheinen. Doch sobald Sie sich daran gewöhnt haben, werden Sie es zu schätzen wissen, dass der Code kürzer und prägnanter ist und keinen Zustand verändert! Dies ist eine gängige Anwendung von `fold` und Rekursion. Sehen wir uns weitere Beispiele an. In Java 8 bietet das `stream`-Konstrukt eine Funktion namens

1 Eine Definition von Currying finden Sie in Abschnitt A.6.2, »Currying«.

reduce. Diese ähnelt reduce in anderen Sprachen und verhält sich im Wesentlichen wie fold. Hier ein einfaches Beispiel für das Addieren von Zahlen mit reduce:

```
List<Integer> integers = Arrays.asList(1, 2, 3, 4, 5);
Integer sum = integers.stream()
  .reduce(0, (a, b) -> a + b);
```

Listing 5.7 Zahlen addieren mit »reduce« (Java)

Die Variable sum entspricht der Summe der Zahlen, also 15. Sobald wir anfangen, in Begriffen wie reduce und fold zu denken, anstatt Sammlungen mit Schleifen zu durchlaufen und Zustände zu verändern, stellen wir fest, dass die Abstraktionsebene unseres Codes ansteigt. Unser Code gleicht weniger einer Maschinen- als vielmehr menschlicher Sprache. Schauen wir uns noch weitere Beispiele an. Hier ist eine Funktion namens add in einer Klasse namens Utils:

```
public static int add(int a, int b) {
        return a + b;
}
```

Listing 5.8 Hilfsfunktion zum Addieren von zwei Ganzzahlen (Java)

Wir könnten so vorgehen:

```
List<Integer> integers = Arrays.asList(1, 2, 3, 4, 5);
Integer sum = integers.stream()
  .reduce(0, Utils::add);
```

Listing 5.9 Verwendung der Hilfsfunktion in einem Stream (Java)

Im Paket java.util.stream steht die Klasse Collectors mit der Methode summingInt bereit. Diese ermöglicht uns Folgendes:

```
List<Integer> integers = Arrays.asList(1, 2, 3, 4, 5);
Integer sum = integers.stream()
  .collect(Collectors.summingInt(Integer::intValue));
```

Listing 5.10 Summe über eine Zahlenliste mit »Collectors.summingInt« (Java)

Java 8 bietet eine Reihe von ausdrucksstarken Konstrukten, mit denen Sie die Abstraktionsebene Ihres Codes erhöhen können. Sie zeigen besonders gute Leistung im Umgang mit Zahlen. Es gibt auch die Funktion summingLong für Long-Datentypen. Doch wie verhält es sich mit Objekten? Schauen Sie sich den nachfolgenden Java-Code an:

```
public class Item {

    private int id;
    private Integer price;

    public Item(int id, Integer price) {
        this.id = id;
        this.price = price;
    }

    // Standardmäßige Getter und Setter
}
```

Listing 5.11 Definition der Klasse »Item« (Java)

Lassen Sie uns einige Objekte der Klasse `Item` erstellen:

```
Item item1 = new Item(1, 10);
Item item2 = new Item(2, 15);
Item item3 = new Item(3, 25);
Item item4 = new Item(4, 40);
```

Listing 5.12 Vier Objekte des Typs »Item« (Java)

Mit einer Liste solcher Objekte können wir unsere vorherige `add`-Funktion auf folgende Weise verwenden:

```
Integer sum = items.stream()
  .map(x -> x.getPrice())
  .reduce(0, Utils::add);
```

Listing 5.13 Summenbildung über eine Liste aus Objekten mit »map« und »reduce«. Einmal mit einer Methode »add« ...

Eine möglicherweise noch bessere Herangehensweise, die zudem nicht von der Funktion `Utils::add` abhängt, ist die Verwendung eines Lambda-Ausdrucks `(a, b) -> a + b`:

```
Integer sum = items.stream()
  .map(item -> item.getPrice())
  .reduce(0, (a, b) -> a + b);
```

Listing 5.14 ... und einmal mithilfe eines einfachen Lambda-Ausdrucks (Java)

Dieser Ansatz ist elegant, kompakt, leicht zu lesen und hat keinerlei Auswirkungen auf den Zustand.

Die funktionale Programmierung bietet in Verbindung mit einfachen regulären Ausdrücken eine beeindruckende Expressivität. Schauen wir uns einige Beispiele für die Verwendung von Strings an. Angenommen, wir haben eine Zeichenkette von Wörtern, die durch Leerzeichen getrennt sind, wobei jede dieser Zeichenketten eine Zahl enthält. Unser Ziel ist es, diese Zahlen zu summieren. Um dies zu erreichen, nutzen wir die Filterfunktion, die Zeichenketten basierend auf einem vorgegebenen Prädikat auswählt, das hier durch einen regulären Ausdruck definiert wird. Dadurch eröffnen sich folgende Möglichkeiten:


```
String string = "Item1 10 Item2 25 Item3 30 Item4 45";

Integer sum = Arrays.stream(string.split(" "))
    .filter((s) -> s.matches("\\d+"))
    .mapToInt(Integer::valueOf)
    .sum();
```

Listing 5.15 Summenbildung über alle ganzen Zahlen in einem String (Java)

Beachten Sie, wie kompakt dieser Code ist, und erkennen Sie dabei auch die Rolle von Streams in der funktionalen Programmierung.

Datenströme

Eine prägnante Charakterisierung der funktionalen Programmierung besteht in der Möglichkeit, unveränderliche Daten in Datenströme zu transformieren.

Unabhängig davon, ob es sich um explizite Datenströme wie in Java 8 oder Scala handelt oder um einfache Datensammlungen wie verkettete Listen oder Arrays, bleibt der Grundgedanke der funktionalen Programmierung immer gleich: Wir erstellen Pipelines für unveränderliche Daten, in denen wir die Daten in jeder Phase transformieren. Mit der Zeit merken Sie möglicherweise, dass die Datenverarbeitung auf diese Weise einfach ist, Spaß macht und vielleicht sogar weniger fehleranfällig ist im Vergleich zu Ansätzen, bei denen Daten durch Schleifen verarbeitet und Variablen verändert werden.

Funktionen höherer Ordnung

Funktionen höherer Ordnung bieten oft eine elegantere und kompaktere Möglichkeit zur Verarbeitung von Wertesammlungen als das Durchlaufen einer Schleife und die Veränderung des Zustands.

Weitere Beispiele zeigen, wie Rekursion und Funktionen höherer Ordnung kombiniert werden können, um Datenpipelines zu konstruieren. Betrachten wir den Fall, in dem eine Funktion eine Liste positiver ganzer Zahlen erhält und für jede Zahl *n* in der Liste einen String mit dem Buchstaben *a* ausgibt, der $n \times n$-mal wiederholt wird. Dies mag ein wenig konstruiert erscheinen, könnte jedoch in der Praxis in der Unterroutine eines Grafikprogramms Verwendung finden. In Python könnten wir dies folgendermaßen formulieren:

```
def print_row_of_as(ints):
        for k in map(lambda n: n*n, ints):
            print('a' * k)
```

Listing 5.16 Funktion höherer Ordnung: »map« mit der Quadratfunktion als Lambda in einer for-Schleife (Python)

In Java oder Scala beispielsweise fungiert `map` als Funktion höherer Ordnung. In Python wird sie technisch gesehen durch eine Klasse repräsentiert, die sich jedoch wie eine Funktion höherer Ordnung verhält. In der funktionalen Programmierung beginnt die klare Unterscheidung zwischen Objekten und Funktionen zu verschwimmen. In Python können wir uns `map` oder `filter` sowohl als Funktionen als auch als Objekte vorstellen. Ich denke, wann immer möglich, gerne in Funktionen.

Objekte als Funktionen und umgekehrt

In vielen modernen Sprachen können Funktionen als Objekte behandelt werden. Der umgekehrte Ansatz, Objekte als Funktionen zu betrachten, ist etwas anspruchsvoller.

Um dies in Python umzusetzen, betrachten wir folgendes Beispiel: Nehmen wir an, wir möchten eine Klasse `Square` erstellen (denken Sie an *x*-Quadrat, nicht an die geometrische Form). Wir können die eingebaute Funktion `__call__` wie folgt verwenden (zur Verdeutlichung lassen wir alles Überflüssige weg):

```
class Square:
    def __call__(self,n):
        return n * n
```

Dadurch wird Folgendes möglich:

```
f = Square()
print(f(3))
```

Das Ergebnis ist 9. Nun stellt sich die Frage: Handelt es sich bei Square um eine Klasse oder eine Funktion? Auf syntaktischer Ebene ist es eine Klasse. Allgemeiner ausgedrückt ist es eine Funktion, und es war sehr einfach, die Klasse in eine Funktion zu verwandeln.

»apply«

Ebenfalls interessant ist die Tatsache, dass in Scala die Funktion apply existiert. Aus einer übergeordneten Perspektive können wir uns Funktionen als Objekte und auch Objekte als Funktionen vorstellen.

Kehren wir nun zu den Beispielen zur Interaktion von Rekursion mit Funktionen höherer Ordnung zurück, und konzentrieren wir uns auf weitere Python-Beispiele. Python verfügt über keine fold-Funktion, wohl aber über eine reduce-Funktion im Paket functools. Anhand dieses einfachen Beispiels kann eine Zahlenreihe addiert werden:

```
from functools import reduce
reduce(lambda m,n: m+n, [1,2,3,4,5])
```

Das Ergebnis beträgt 15. Interessanterweise ist auch die Konkatenation von Zeichenketten auf ähnliche Weise möglich:

```
from functools import reduce
reduce(lambda s,t: s+t, ["a","b","c","d"])
```

Schauen wir uns nun einige grundlegende Anwendungsbereiche der Rekursion anhand von Python-Beispielen an. Wir beginnen damit, die Länge einer Liste rekursiv zu berechnen. Dafür würde ich gerne die tail-Funktion der Liste verwenden, die alle Elemente außer dem ersten in einer neuen Liste zurückgibt. Bedauerlicherweise bietet Python eine solche Funktion nicht nativ. Aber keine Sorge – in Python 3 können wir (sehr elegant) Folgendes schreiben:

```
def tail(lst):
    _, *tail = lst
    return tail
```

Listing 5.17 »tail« (Python 3)

_ könnte auch head genannt werden, ist jedoch in der Funktion nicht erforderlich. _ repräsentiert dabei das erste Element von lst. * sorgt dafür, dass tail den Rest von lst enthält. Jetzt können wir unsere Längenfunktion schreiben:

```
def length(lst):
    if lst -- []:
        return 0
    else:
        return 1 + length(tail(lst))
```

Listing 5.18 Längenfunktion mit »tail« (Python 3)

Auf gleiche Weise verwenden wir diese Idee, um eine Liste von Ganzzahlen zu summieren:

```
def sum(lst):
    if lst == []:
        return 0
    else:
        return lst[0] + sum(tail(lst))
```

Listing 5.19 Summenfunktion mit »tail« (Python 3)

Eine »pythonische« `tail`-Definition wäre:

```
def tail(lst):
    return [1:len(lst)]
```

Es wurde deutlich, dass die Rekursion eine wertvolle Methode ist, um Zustandsänderungen zu vermeiden. Der Rekursion liegt die Idee zugrunde, kontinuierlich Werte auf den Stack zu legen und bei Bedarf wieder zu entfernen. Jedoch besteht die Gefahr eines Stack Overflows, wenn zu viele Werte auf dem Stack abgelegt werden. Obwohl die Rekursion vom Stack abhängt, wird dieser in der Definition der Rekursion nicht ausdrücklich erwähnt. Interessanterweise kann in vielen Fällen eine rekursive Funktion existieren, die ohne die Ablage von Werten auf den Stapel auskommt. In solchen Situationen kann der Compiler die rekursive Funktion in eine Schleife umwandeln. Man spricht dann von einer *endrekursiven* Funktion.

5.3 Endrekursion

Eine *endrekursive Funktion* ist eine rekursive Funktion, bei der die letzte Zeile des Funktionskörpers der Aufruf der Funktion selbst ist.

Sehen wir uns ein einfaches Beispiel an:

```
def printToZero(n: Int): Int = {
        if (n < 0)
            return 0
        println(n)
        printToZero((n-1))
    }
```

Listing 5.20 Endrekursive Funktion (Scala)

Diese Funktion beginnt bei n und gibt alle Zahlen kleiner n bis einschließlich 0 aus. Im Hauptteil der Funktion wird zuletzt die Funktion selbst aufgerufen. Dies ist also eine rekursive Funktion. Hier ein weiteres Beispiel – es berechnet den größten gemeinsamen Teiler von zwei positiven Ganzzahlen:

```
def gcd(a: Int, b: Int): Int =
  if (b == 0) a else gcd(b, a % b)
```

Listing 5.21 ggT-Berechnung mit Rekursion (Scala)

Wie unterscheidet sich eine endrekursive Funktion hinsichtlich der Performance von einer gewöhnlichen rekursiven Funktion? Da die endrekursive Funktion sich selbst aufruft, könnte man meinen, dass zur Implementation zwingend ein Stack erforderlich ist. Tatsächlich erfordern normale rekursive Funktionen das Ablegen des Arguments auf dem Stack, aber endrekursive Funktionen können vom Compiler oder Präprozessor so umgeschrieben werden, dass eine einfache for-Schleife verwendet wird. Es kann also zu keiner Stack-Overflow-Ausnahme kommen.

Sehen wir uns ein paar weitere Beispiele an. Wie würde eine endrekursive Version zur Berechnung der Fakultät, also $n! = 1 \times ... \times n$, aussehen? Hier zunächst die einfache, rekursive factorial-Variante:

```
def factorial(n: Int): Int = {
    if (n == 0)
      1
    else
      n * factorial(n-1)
}
```

Listing 5.22 Eine einfache rekursive Funktion für die Fakultät (Scala)

Wie können wir nun eine endrekursive Version erstellen? Hier eine Möglichkeit:

```
def factorial(n: Int): Int = {
        def fact(k: Int, result: Int): Int = {
            if (k == 0)
                return result
            else
                return fact(k-1, k * result)
        }
        fact(n, 1)
    }
```

Listing 5.23 Berechnung der Fakultät, endrekursive Variante (Scala)

In diesem Fall definiert `factorial` eine Funktion innerhalb des Körpers, und diese innere Funktion ist endrekursiv. Die Funktion `factorial` ist technisch gesehen nicht endrekursiv, da sie sich nicht selbst aufruft, aber sie ist genauso gut, da die Stack-Implementierung durch eine `for`-Schleife im Funktionskörper ersetzt wird.

Sehen wir uns weitere Beispiele an – hier eine endrekursive Version von `fibonacci`. Zuerst die übliche, nicht rekursive Variante:

```
int fibonacci(int n) {
    if (n == 0) {
        return 0
    } else if (n == 1) {
        return 1
    }
    return fibonacci(n-2) + fibonacci(n-1)
}
```

Listing 5.24 Berechnung von Fibonacci-Zahlen ohne Rekursion (Java)

Eine solche Rekursion wird als *Baumrekursion* bezeichnet, weil die *Form* dieser Berechnung ein Binärbaum ist. Bekanntlich ist die Performance unterirdisch. Es ist nicht schwer zu erkennen, warum das so ist. Es werden immer wieder die gleichen Berechnungen durchgeführt. Eine Lösung besteht darin, eine endrekursive Variante dieser Funktion zu schreiben – hier in Java:

```
int fib(int n, int a, int b )
    {
        if (n == 0)
            return a;
```

```
        if (n == 1)
            return b;
        return fib(n - 1, b, a + b);
    }

int fibonacci(int n) {
    return fib(n, 0, 1)
}
```

Listing 5.25 Endrekursive Variante für die Fibonacci-Zahlen (Java)

In Python ist dies aufgrund der Standardwerte a und b besonders elegant:

```
def fib(n, a = 0, b = 1):
    if n == 0:
        return a
    if n == 1:
        return b
    return fib(n - 1, b, a + b)
```

Listing 5.26 Endrekursive Fibonacci-Funktion, sprachbedingt noch eleganter (Python)

Diese Eleganz kann man auch in JavaScript erreichen:

```
function fib(n, a = 0, b = 1)
{
    if (n == 0){
        return a;
    }
    if (n == 1){
        return b;
    }
    return fib(n - 1, b, a + b);
}
```

Listing 5.27 Fibonacci endrekursiv Nr. 3, ebenfalls sprachbedingt recht elegant möglich (JavaScript)

Versuchen wir nun, die Elemente im array endrekursiv zu addieren:

```
def arrSum(array, size, sum = 0):
    if size == 0:
        return sum
```

```
    return arrSum(array, size - 1,
            sum + array[size - 1])
```

Listing 5.28 Summe über ein Zahlen-Array, endrekursiv (Python)

```
int arraySumHelper(int []array, int size, int sum)
{
    if (size == 0)
        return sum;

    return arraySumHelper(array, size - 1, sum + array[size - 1]);
}

int arraySum(int[] array) {
    return arraySumHelper(array, array.length, 0);
}
```

Listing 5.29 Summe über ein Zahlen-Array, endrekursiv (Java)

```
function arrSum(array, size, sum = 0)
{
    if (size == 0)
        return sum;

    return arrSum(array, size - 1, sum + array[size - 1]);
}
```

Listing 5.30 Summe über ein Zahlen-Array, endrekursiv (JavaScript)

@tailrec

Wenn Sie in Scala die Annotation `@tailrec` über eine Funktion setzen, stellen Sie sicher, dass die Implementierung endrekursiv ist. Anderenfalls gibt der Compiler einen Fehler aus.

Das Umschreiben einer Funktion, sodass sie die Vorteile der Endrekursion nutzen kann, wird *Tail-Call-Optimierung (TCO)* genannt.

Hinweis zu TCO

Java unterstützt TCO nicht direkt auf Compiler-Ebene.

5.4 Weitere Beispiele für die Leistungsfähigkeit der fold-Funktion in Scala

Wir fangen mit ein paar einfachen Beispielen an. Angenommen, wir haben eine max-Funktion, die zwei Zahlen entgegennimmt und die größere zurückgibt. Wir wollen sie auf eine Zahlenliste anwenden. Sehen wir uns an, wie wir dies mit max und der fold-Funktion erreichen können.


```
val lst = List(1,2,3,4,5)
val m = lst.fold(1)(_ max _)
```

Listing 5.31 Auswertung einer Liste mit »fold« (Scala)

In einer einzigen Codezeile können wir eine Liste von Zahlen ohne eine for-Schleife auswerten – in diesem Fall das Maximum finden. Das ist prägnant und doch leicht zu lesen.

Nehmen wir an, dass wir eine Liste von Wörtern haben und das längste Wort ermitteln wollen:

```
def getLongestWord(words: List[String]): String =
    words.reduce((a,b) => if (a.length > b.length) a else b)
```

Wie wäre es mit einer einfachen product-Funktion, die eine Liste von Ganzzahlen entgegennimmt?

```
def product(lst: List[Int]): Int = lst.fold(1)(_ * _)
```

Implementieren wir die Länge mithilfe von fold. Ich nenne sie count, und sie nimmt List[Any] entgegen.

```
def count(list: List[Any]): Int =
  list.foldLeft(0)((sum,_) => sum + 1)
```

Listing 5.32 Länge bestimmen mit »foldLeft« (Scala)

Sehen wir uns nun einige komplexere Beispiele an. Versuchen Sie herauszufinden, was jede einzelne Funktion tut. Ich werde die Funktionen f1, f2 usw. nennen, um nicht zu verraten, was sie bewirken:

```
def f1(list: List[Double]): Double =
  list.foldLeft(0.0)(_+_) / list.foldLeft(0.0)((r,c) => r+1)
def f2[A](list: List[A]): A =
  list.foldLeft[A](list.head)((_, c) => c)
def f3[A](list: List[A]): A =
```

```
  list.foldLeft( (list.head, list.tail.head) )((r, c) => (r._2, c) )._1
def f4[A](list: List[A]): List[A] =
  list.foldLeft(List[A]())((r,c) => c :: r)
def f5[A](list: List[A]): List[A] =
  list.foldLeft(List[A]()) { (r,c) =>
    if (r.contains(c)) r else c :: r
  }
```

Listing 5.33 Übungsbeispiele zu »foldLeft« (Scala)

5.5 Verbindung zwischen »fold« und Monoiden

Im Rahmen unserer Auseinandersetzung mit Monoiden in Abschnitt 3.2.2 ist die enge Verbindung zwischen Monoiden und der fold-Funktion deutlich geworden. In diesem Bereich treffen Funktionen höherer Ordnung und Datenstrukturen zusammen, was zu einer erhöhten Abstraktion Ihres Codes führt – und damit letztlich zu dessen Vereinfachung.

Merke

Das Zusammenwirken von Funktionen höherer Ordnung und funktionalen Datenstrukturen bringt oftmals Abstraktionen hervor, die Ihren Code vereinfachen können.

Rufen wir uns zunächst die Definition eines Monoids in Erinnerung.

Wie in Kapitel 2, »Mathematische Grundlagen«, erwähnt, handelt es sich bei einer *Halbgruppe* um eine Menge mit einer assoziativen Operation. Tritt in einer Halbgruppe ein Identitätselement e auf, sodass für alle Elemente x in der Halbgruppe gilt:

$$e * x = x * e = x$$

wird die Halbgruppe als Monoid bezeichnet.

Beginnen wir einem Monoid-Trait in Scala. Zu Lernzwecken werden wir eine einfache Implementierung vornehmen. Anschließend untersuchen wir die Verbindung zur fold-Funktion:

```
trait Monoid[A] {
    def combine(x: A, y: A): A
    def empty: A
}
```

Listing 5.34 Definition des Monoid-Traits (Scala)

combine repräsentiert eine Binäroperation, während empty für das Äquivalent von 0, der leeren Zeichenkette, false oder true steht (abhängig von der Wirkung von combine). Ganz allgemein für das Objekt, das dasselbe Objekt zurückgibt, wenn es mit einem anderen Objekt kombiniert wird. Sehen wir uns einige Instanzen an.

```
class IntMonoid extends Monoid[Int] {
    def combine(m: Int, n: Int): Int = m + n
    def empty: Int = 0
}
```

Listing 5.35 Implementierung des »IntMonoid« für Ganzzahlen (Scala)

Wie hängt das nun mit der fold-Funktion zusammen? Sie werden feststellen, dass dieses Trait *genau* das bietet, was wir für fold brauchen. Wir benötigen die Fähigkeit, zwei Objekte zu kombinieren, um ein drittes zu erhalten, sowie ein Ausgangsobjekt, das im Grunde keine Auswirkungen hat, wenn es mit anderen Objekten kombiniert wird. Statt Monoid könnten wir genauso gut Foldable sagen. Wenden wir fold auf eine Liste von Ganzzahlen an, indem wir die Klasse IntMonoid verwenden:

```
val monoid = new IntMonoid
val lst = (1 to 1000).toList
lst.fold(monoid.empty)(monoid.combine)
```

Listing 5.36 Anwendung von »fold« auf eine Integer-Liste mit »IntMonoid« (Scala)

Hier sehen wir, dass Monoide direkt zum Kern des Faltungsprozesses führen. Beachten Sie zudem, wie geringfügig die Änderungen sind, wenn Sie Zeichenketten anstelle von Ganzzahlen konkatenieren möchten. Dies kann folgendermaßen umgesetzt werden:

```
class StringMonoid extends Monoid[String] {
    def combine(s: String, t: String): String =  s + t
    def empty: String = ""
}

val lst = List("a","b","c","d")
val monoid = new StringMonoid
lst.fold(monoid.empty)(monoid.combine)
```

Listing 5.37 »StringMonoid« ermöglicht die Anwendung von »fold« auf eine Liste mit Zeichenketten (Scala).

Und nun wollen wir ein paar boolesche Werte zusammenfügen.

```
class AndMonoid extends Monoid[Boolean] {
    def combine(x: Boolean, y: Boolean): Boolean = x && y
    def empty: Boolean = true
}

val lst = List(false, true, true, true)
val monoid = new AndMonoid
lst.fold(monoid.empty)(monoid.combine) // gibt false zurück
```

Listing 5.38 »AndMonoid« für die Und-Verknüpfung boolescher Werte (Scala)

Ein ähnlicher Ansatz gilt für die `or`-Operation:

```
class OrMonoid extends Monoid[Boolean] {
    def combine(x: Boolean, y: Boolean): Boolean = x || y
    def empty: Boolean = false
}

val lst = List(false, true, true, true)
val monoid = new OrMonoid
lst.fold(monoid.empty)(monoid.combine) // gibt true zurück
```

Listing 5.39 »OrMonoid« für die Oder-Verknüpfung boolescher Werte (Scala)

Es folgen einige weitere Beispiele. Es ist bemerkenswert, wie viele verschiedene Muster Instanzen des Monoid-Konzepts sind.

```
class ProductMonoid extends Monoid[Double]{
    def combine(x: Double, y: Double): Double = x * y
    def empty: Double = 1.0
}

val lst = List(1.0, 2.0, 3.0, 4.0)
monoid = new ProductMonoid[Double]
lst.fold(monoid.empty)(monoid.combine) // gibt 24.0 zurück
```

Listing 5.40 »ProductMonoid« für die Multiplikation von Doubles (Scala)

Dies eröffnet die Möglichkeit, die Fakultät zu berechnen:

```
class IntProductMonoid extends Monoid[Int] {
    def combine(x: Int, y: Int): Int = x * y
```

```
    def empty: Int = 1
}

monoid = new ProductMonoid

def factorial(n: Int): Int =
    (1 to n).toList.fold(monoid.empty)(monoid.combine)
```

Listing 5.41 Fakultät mit dem »ProductMonoid« und Integer-Werten (Scala)

Auch die Summenformel – die Addition der Zahlen von 1 bis *n* – kann so umgesetzt werden. Diese Zahlenreihe wird als *n*-te Dreieckszahl bezeichnet. Die Dreieckszahlen lauten 1, 3, 6, 10, 15 und so weiter.

```
class IntTriangularMonoid extends Monoid[Int] {
    def combine(x: Int, y: Int): Int = x + y
    def empty: Int = 0
}

monoid = new IntTriangularMonoid

def nthTriangularNumber(n: Int) =
    (1 to n).toList.fold(monoid.empty)(monoid.combine)
```

Listing 5.42 Berechnung der n-ten Dreieckszahl mit einem passenden Monoid (Scala)

Beachten Sie, dass die Assoziativität der Funktion `combine` gewährleistet sein muss. Das bedeutet, für alle x, y und z benötigen wir:

```
combine(combine(x,y), z) == combine(x, combine(y,z))
```

Ebenfalls ist hervorzuheben, dass alle diese Beispiele `monoid.empty` und `monoid.combine` verwenden. Wir könnten die folgende allgemeine Funktion für ein gegebenes Monoid `m` definieren:

```
def f[A](lst: List[A]): A = lst.fold(m.empty)(m.combine)
```

Diese eine Funktion ist allgemein genug, um alle vorherigen Beispiele auszudrücken! Man könnte sogar sagen, dass alle diese Beispiele dieselbe Funktion darstellen, parametrisiert durch verschiedene Monoid-Instanzen.

5.6 Vertiefende Informationen zu Funktionen höherer Ordnung

Die `fold`-Funktion zählt zu den Funktionen höherer Ordnung, da sie eine Funktion als Parameter akzeptiert. Das grundlegende Muster besteht in einer Liste oder anderen Sammlung von Elementen. Wir rufen eine Funktion höherer Ordnung `f` auf dieser Sammlung auf und übergeben ihr eine Funktion, die eine Aktion auf den Elementen ausführt. Schauen wir uns einige Beispiele für diese einfache Form von Funktionen höherer Ordnung an: Die `map`-Funktion wird normalerweise auf einem Container wie einer Liste oder auch einer Option angewendet. In der Tat kann sie auf jeder Monade verwendet werden. Wie bereits in Kapitel 2, »Mathematische Grundlagen«, erläutert, ist jede Monade ein Funktor, und ein Funktor verfügt stets über eine `map`-Funktion.

Ohne die Verwendung von `map` müssten Sie bei jedem Versuch, die Elemente einer Sammlung zu ändern, durch die Sammlung iterieren und dabei den Zustand ändern. Sehen wir uns einige Beispiele an.

Angenommen, Sie möchten die Quadrate der ersten *n* positiven Ganzzahlen berechnen und diese Summe addieren. Hierfür können Sie folgende Scala-Funktion verwenden:

```
def sumOfSquares(n: Int) = (1 to n).toList.map(m => m*m).sum
```

Die Abstraktionsebene ist höher als bei einer imperativen Version dieser Funktion, und sie ist einfacher zu lesen, wenn man sich an das Konzept gewöhnt hat. Wir könnten auch `fold` anstelle von `sum` verwenden, um allgemeine Muster im Programm hervorzuheben. Das würde dann so aussehen:

```
def sumOfSquares(n: Int) = (1 to n).toList.map(m => m*m).fold(0)(_ + _)
```

Das Hauptziel besteht darin, die Lesbarkeit und Prägnanz zu maximieren. Wie bereits erwähnt, können wir die `fold`-Funktion verwenden, um die Struktur in unserem Programm hervorzuheben. Die Idee dahinter ist, dass alle Instanzen von `fold` in einem Programm Instanzen einer allgemeinen Struktur darstellen. Auch die `map`-Beispiele, mit denen wir uns beschäftigt haben, verfügen über eine solche allgemeine Struktur. Bei diesen Beispielen steht ein Funktor im Mittelpunkt. Wenn Sie dies oft genug tun, werden Sie sofort an *Funktoren und Monoide* denken, wenn Sie eine Funktion wie `sumOfSquares` sehen. Lassen Sie uns zunächst ein Trait für den Funktor schreiben und dann `sumOfSquares` damit ausdrücken.

```
trait Functor[F[_]] {
  def map[A, B](fa: F[A])(f: A => B): F[B]
}
```

Listing 5.43 Funktor-Trait als Vorbereitung für die Quadratsumme (Scala)

Hier repräsentiert F den Funktor. Die map-Funktion nimmt ein Element von F[A] entgegen, eine Funktion f: A => B, und liefert ein Element von F[B] zurück. Stellen Sie sich F als list, option oder einen anderen Funktor vor (auch Monaden sind geeignet, da sie ebenfalls Funktoren sind).

Nun erstellen wir einen listFunctor:

```
val listFunctor: Functor[List] = new Functor[List] {
    def map[A, B](ls: List[A])(f: A => B) = ls.map(x => f(x))
}

def sumOfSquares(n: Int): Int =
      listFunctor.map((1 to n).toList)(m => m*m).fold(0)(_ + _)
```

Listing 5.44 Quadratsumme mit dem Trait »Functor[F[_]]« (Scala)

Somit ergibt sich, dass sumOfSquares eine Kombination aus einem Funktor und der Verwendung von fold ist. In einem praxisnahen Anwendungskontext möchte ich vielleicht keine Quadrate summieren, also denken wir uns ein realistischeres Beispiel aus. Wie wäre es, herauszufinden, ob eine positive Ganzzahl eine Primzahl ist? Erinnern Sie sich daran, dass eine Primzahl eine positive Ganzzahl ist, die genau zwei Teiler hat. Üblicherweise wird definiert, dass eine Primzahl eine positive Ganzzahl mit höchstens zwei Teilern ist, wobei 1 eine Ausnahme bildet. Allerdings ist 1 *eigentlich* keine Primzahl. Jede positive Ganzzahl kann als Produkt aus Primzahlen dargestellt werden, wobei diese Darstellung bis auf die Reihenfolge der Primfaktoren eindeutig ist. Wäre 1 eine Primzahl, hätten wir sowohl $1 = 1 \times 1$ als auch $1 = 1 \times 1 \times 1$ usw. 1 verhält sich also anders als die Primzahlen. Wie können wir dies funktional ausdrücken?

```
private def isPrime(n: Int): Boolean =
   n > 1 && (2 to (n - 1)).forall(n % _ != 0)
```

Listing 5.45 Primzahlprüfung (Scala)

Die Funktion forall ist hier eine Funktion höherer Ordnung, die sicherstellt, dass das übergebene Prädikat für jede Zahl in (2 to (n - 1)) true ist. Das bedeutet, dass keine Zahl zwischen 2 und n - 1 ein Teiler von n ist. Diese Implementierung funktioniert, weist aber eine gewisse mathematische Unzulänglichkeit auf. Erkennen Sie sie? Tipp: Sie hat mit (2 to (n - 1)) zu tun. Die folgende, bessere Version adressiert dieses Problem:

```
def isPrime(n: Int): Boolean =
    n > 1 &&(2 to math.sqrt(n).toInt).forall(n % _ != 0)
```

Listing 5.46 Primzahlprüfung, sparsamer (Scala)

Diese Version ist besser als die erste. In der ersten Version wird jeder mögliche Teiler bis zu einer Zahl durchlaufen, die um eins kleiner ist als die zu überprüfende Zahl. Allerdings ist zu beachten: Wenn n ohne Rest durch k teilbar ist, dann ist entweder k oder n/k kleiner oder gleich sqrt(n). Wären beide größer als sqrt(n), dann wäre ihr Produkt größer als n. Ihr Produkt *ist* jedoch n. Also ist entweder k oder n/k kleiner oder gleich sqrt(n). Wenn wir also prüfen wollen, ob eine Ganzzahl eine Primzahl ist, müssen wir nur bis zur Quadratwurzel der Zahl vordringen.

Merke: Primzahlprüfung

Eine mathematische Erkenntnis: Bei der Prüfung, ob eine Zahl eine Primzahl ist, müssen Sie nur die Teiler bis zur (und einschließlich der) Quadratwurzel dieser Zahl überprüfen.

Die Funktion isPrime veranschaulicht auf elegante Weise, wie eine Ganzzahl auf funktionale Weise auf ihre Primzahleigenschaft hin überprüft werden kann. Die Abwesenheit von Mutationen und die Nutzung von Funktionen höherer Ordnung, wie etwa forall, tragen zu ihrer Prägnanz bei.

5.6.1 Von »map« zu »flatMap«

In Kapitel 3, »Kategorientheorie und Entwurfsmuster«, haben wir bereits gesehen, dass ein Funktor immer über eine map-Funktion verfügt, während eine Monade map *und* flatMap besitzt. Sehen wir uns nun einige weitere Beispiele für flatMap an. Nehmen wir zunächst an, wir haben eine Klasse namens User und eine Funktion getUser, die einen User mit einer bestimmten id zurückgibt.

```
case class User(id: Int, firstName: String)
def getUser(Id: Int): User = ???
```

Listing 5.47 Klasse »User«, unfertig (Scala)

Durch die Verwendung von ??? können wir in Scala dem Compiler signalisieren: *Ich bin noch nicht fertig, ermögliche jedoch trotzdem die Kompilierung.* Dieses Konstrukt erweist sich beim Programmieren als nützlich. Nehmen wir beispielsweise an, dass die getUser-Funktion null zurückgibt, wenn keine Überstimmung mit der angegebenen Benutzer-id gefunden wurde.

Angenommen, wir möchten die Benutzer mit der id 1 bis 10 abrufen und ihre Vornamen erfahren. Wir können folgendermaßen vorgehen:

```
(1 to 10).toList.map(id => getUser(id))
```

Listing 5.48 Abfrage für User mit »map« (Scala)

Das Ergebnis ist eine Liste von Elementen, von denen jedes entweder ein Benutzer oder null ist. Lassen Sie uns also zunächst null verbessern. Natürlich können und sollten wir hier eine Option verwenden. Dadurch räumen wir die Gefahr einer NullPointerException aus, und der Compiler überprüft die Korrektheit. Jetzt haben wir:

```
case class User(id: Int, firstName: String)

def getUser(id: Int): Option[User]
```

Wenn wir dies auswerten:

```
(1 to 3).map(id => getUser(id))
```

erhalten wir ungefähr folgendes Ergebnis:

```
List(Some(User(1, "Carl")), None, Some(User(3,"Mary")))
```

Allerdings möchten wir weder die Some- noch die None-Werte. Wir sind nur an den Vornamen der Benutzer interessiert, deren IDs übereinstimmen. Hier kommt eine Funktion ins Spiel, die genau das liefert:

```
(1 to 3).flatMap(id => getUser(id))
```

Das Ergebnis sieht folgendermaßen aus:

```
List(User(1,"Carl"), User(3, "Mary"))
```

Perfekt! flatMap führt zuerst ein Mapping und dann eine Verflachung durch. *Verflachung* bedeutet, dass ein Objekt aus dem Funktor-Container entfernt wird. Der Fehlerfall wird ebenfalls verworfen. Im Fall von Options wird der Fehlerfall durch None repräsentiert. Um flatMap komplett zu verstehen, sollten wir uns seine Signatur ansehen.

Diese wird normalerweise in einer Monade definiert. Erinnern Sie sich daran, dass eine Monade, grob gesagt, als ein Trait oder Interface definiert werden kann, das map und flatMap implementiert:

```
trait Monad[M[_]] {
    def flatMap[A,B](ma: M[A])(f: A => M[B]): M[B]
}
```

Listing 5.49 Signatur von »flatMap« (Scala)

Wie Sie gelernt haben, verleiht eine Monade einem Objekt *Kontext*. Sie kann als Container um ein Objekt mit den Funktionen map und flatMap betrachtet werden. Die Funktion f in der vorherigen flatMap-Signatur gibt ein Objekt B innerhalb des Kontexts M zurück. Wenn wir darauf die map-Funktion anwenden, erhalten wir beispielsweise eine Liste von M[B]s. Möglicherweise möchten wir direkt auf die Bs zugreifen; hier ist flatMap nützlich. Wir werden uns noch ein paar weitere Beispiele für flatMap ansehen. Da flatMap abbildet und verflacht und ein String eine Liste von Zeichen ist, können Sie sich vorstellen, was die folgende Operation bewirkt:

```
val ls = List("Hello", "World")
ls.flatMap(s => s.toUpperCase)
```

Listing 5.50 »flatMap« macht aus Wörtern bloße Buchstaben (Scala).

Das Ergebnis ist List(H, E, L, L, O, W, O, R, L, D). Jedes Wort wird in Großbuchstaben umgewandelt und anschließend verflacht.

Sehen wir uns noch einige weitere Beispiele an. Angenommen, Sie haben eine Liste von Ganzzahlen und möchten diese durch eine Liste ersetzen, in der jede Ganzzahl zweimal vorkommt: List(1,2,3) würde auf List(1,1,2,2,3,3) abgebildet. Hier der entsprechende Code:

```
def doubleUpInts(ls: List[Int]): List[Int] =
    ls.flatMap(i => List(i, i))
```

Listing 5.51 »Aufblähen« einer Liste auf die doppelte Länge mit »flatMap« (Scala)

Um zu verstehen, warum flatMap notwendig ist, ersetzen wir nun flatMap im vorigen Beispiel durch map. Dann erhalten wir:

```
def doubleUpInts(ls: List[Int]) = ls.map(i => List(i, i))
```

Beachten Sie, dass der Rückgabetyp hier nicht angegeben ist: Würden wir `List[Int]` als Rückgabetyp angeben, könnte das Programm nicht kompiliert werden. Der tatsächliche Rückgabetyp dieser Funktion ist `List[List[Int]]`. `flatMap` verflacht dies zu `List[Int]`.

5.7 Fazit

In der funktionalen Programmierung nimmt die Unveränderlichkeit einen zentralen Stellenwert ein. In diesem Kapitel haben wir mehrere Ansätze kennengelernt, um den Zustand unserer Programme unveränderlich zu gestalten. Durch den Einsatz von Rekursion können wir auf Schleifen und Zustandsänderungen verzichten. Wir rufen Funktionen mit anderen Argumenten auf, anstatt den Zustand direkt zu verändern. Dabei überprüfen wir fortwährend, ob diese Argumente bestimmte Bedingungen erfüllen, und führen die Berechnung so lange fort, bis das angestrebte Ergebnis erzielt ist. Andernfalls könnten wir in einer Endlosschleife stecken bleiben.

Wir müssen uns vor *Stack Overflows* (im Deutschen auch *Stapelüberläufe*) in Acht nehmen, selbst bei den großen Arbeitsspeichern, über die unsere Maschinen verfügen. Insbesondere beim Umgang mit großen Datenmengen kann das immer wieder vorkommen. Wenn möglich, sollten wir unsere rekursiven Funktionen in einer endrekursiven Weise strukturieren, sodass sich die Funktion im Funktionskörper zuletzt selbst aufruft. Auf diese Weise lassen sich Stack Overflows vermeiden und die Performance optimieren.

Vorsicht vor dem Stack Overflow

Hüten Sie sich vor Stack Overflows, wenn Sie rekursive Funktionen auf umfangreiche Datensätze anwenden. Endrekursive Funktionen sollten möglichst bevorzugt werden.

Wir haben zudem gesehen, dass Funktionen höherer Ordnung dazu beitragen können, Zustandsänderungen in `for`- und `while`-Schleifen zu umgehen. Mehrere Beispiele haben verdeutlicht, wie wir aus einem einzigen Muster – in diesem Fall mithilfe eines Funktors und der `fold`-Funktion – eine Vielzahl scheinbar unterschiedlicher Funktionen ableiten können. Wir haben eine Funktion geschrieben, die für jedes gegebene Monoid `m` eine neue Funktion erzeugt. Hier ist diese Funktion:

```
def f[A](lst: List[A]): A = lst.fold(m.empty)(m.combine)
```

Listing 5.52 »Monoid and Fold« (Scala)

Es handelt sich dabei tatsächlich um ein Funktionsmuster, das ich als »Monoid und Fold«-Pattern bezeichnen möchte.

Schließlich haben wir uns intensiver mit der Funktion höherer Ordnung `flatMap` auseinandergesetzt. Diese besitzt besondere Bedeutung, da sie zusammen mit `map` die Monade bildet.

Ich möchte die Leserinnen und Leser ermutigen, weitere Muster ähnlich dem Monoid-und-Fold-Muster zu ersinnen. Beginnen Sie eventuell nicht mit einem Monoid, sondern mit einer Monade, und testen Sie unterschiedliche Funktionen höherer Ordnung sowie `fold`. So können Sie neue Muster entdecken.

Kapitel 6
Nebenläufigkeit

6

Ich beginne dieses Kapitel mit einem Satz, der ein wenig mystisch klingt: *Ohne Zustandsveränderung können wir die Zeit ignorieren.*

Gehen wir der Sache auf den Grund. Zunächst einmal: Was hat die Zeit mit der Zustandsänderung zu tun, und inwiefern ist sie in der Programmierung relevant? Die Zeit kommt in der Programmierung ins Spiel, wenn wir eine Sequenz von Prozessen haben, die in bestimmter Abfolge ausgeführt werden müssen.

Betrachten wir das folgende Beispiel, entnommen aus dem Buch *Structure and Interpretation of Computer Programs* von Harold Abelson, Jerry Sussman und Julie Sussman (MIT Press, 2022). Wir haben zwei Funktionen. Die erste erhöht den Wert von *x* um *1*, während die zweite das Quadrat von *x* berechnet. Angenommen, wir setzen *x* auf *10* und führen diese beiden Funktionen parallel aus. Welches Ergebnis erwarten wir? Es mag überraschend sein, dass es fünf mögliche korrekte Antworten gibt. Wir analysieren das genauer. Sei $P1 = x \rightarrow x \times x$ und $P2 = x \rightarrow x + 1$:

- Wenn *P1 x* auf 100 setzt und *P2* 100 auf 101 setzt, erhalten wir 101.
- Wenn *P2 x* auf 11 setzt und dann *P1* 11 auf 121 setzt, erhalten wir 121.
- *P2* ändert den Wert von *x* von 10 auf 11, während *P1 x* zweimal während der Auswertung von x × x abruft, was zum Ergebnis 110 führt.
- *P2* greift auf *x* zu, dann setzt *P1 x* auf 100, anschließend setzt *P2 x*. Das ergibt 11.
- *P1* greift zweimal auf *x* zu, dann setzt *P2 x* auf 11, zum Schluss setzt *P1 x*. Das ergibt 100.

Welche Antwort ist richtig? 101, 121, 110, 10 oder 100? Nun, dies hängt von der Absicht des Programmierers bzw. der Programmiererin ab. Der entscheidende Punkt ist, dass wir nicht sicher vorhersagen können, welche Antwort zurückgegeben wird, wenn *P1* und *P2* parallel ausgeführt werden: Der Computer kann entscheiden, diese beiden Funktionen in beliebiger Reihenfolge auszuwerten.

Merke

Mit der Veränderung von Zuständen geht einher, dass die Reihenfolge der Prozesse von Bedeutung ist.

Wie kann man dieser Problematik begegnen? Die ideale Lösung wäre, wenn es keinen gemeinsam genutzten, veränderlichen Zustand gäbe. Was meine ich mit »gemeinsam genutztem, veränderlichem Zustand«? *Gemeinsam genutzt* bedeutet, dass mindestens zwei verschiedene Threads auf den Zustand zugreifen, *veränderlich* bedeutet, dass sich der Zustand während der Ausführung ändert. Genau hier können Probleme entstehen. Ohne gemeinsam genutzten, veränderlichen Zustand spielt die Reihenfolge der Funktionsaufrufe keine Rolle. Doch wenn es unmöglich ist, gemeinsam genutzten, veränderlichen Zuständen auszuweichen, ist die beste Vorgehensweise, sie zu kapseln. Das bedeutet, den gemeinsam genutzten, veränderlichen Zustand nur in einem begrenzten, möglichst kleinen Bereich zu verwenden.

Die *sperrbasierte Synchronisation* erlaubt nur einem Thread den Zugriff auf einen bestimmten Abschnitt des Codes. Sie ist einer der wichtigsten herkömmlichen Ansätze zur Bewältigung des Problems der gemeinsam genutzten, veränderlichen Zustände.

Ein Programmiermodell, das sich besonders gut für gekapselte, veränderliche, gemeinsam genutzte Zustände eignet, ist das *Aktorenmodell*, das wir nun genauer betrachten werden. Es ist in der funktionalen Programmierung weit verbreitet und basiert auf *Aktoren* als grundlegende Einheit der Nebenläufigkeit. Aktoren verwenden getrennte Speicherbereiche, kommunizieren untereinander über Nachrichtenaustausch und könnten ihren Zustand gegenseitig nur indirekt beeinflussen.

Das Aktorenmodell

Das Aktorenmodell bietet eine hohe Abstraktionsebene für die Entwicklung nebenläufiger und verteilter Systeme. Es entbindet Sie von der Notwendigkeit, sich explizit mit Locking und Thread-Verwaltung zu befassen, und erleichtert das Schreiben korrekter nebenläufiger und paralleler Systeme.

Aktoren wurden ursprünglich im Jahr 1973 in einem Papier von Carl Hewitt definiert, gewannen jedoch Popularität durch die Programmiersprache Erlang und wurden bei Ericsson erfolgreich für die Entwicklung hochgradig nebenläufiger und zuverlässiger Telekommunikationssysteme eingesetzt.

Die *Akka-Actor-Bibliothek*, eine Scala/Java-Bibliothek, übernimmt einige Konzepte aus Erlang. Aktoren sind in gewisser Weise ähnlich wie Objekte, allerdings auf einer höheren Abstraktionsebene. Aktoren repräsentieren eher übergreifende Aspekte wie Logging und Sicherheit als OOP-Objekte wie Benutzer und Nachrichten, obwohl sie auch für solche Anwendungen geeignet sein können. Die Hauptrolle der Aktoren besteht darin, die Nebenläufigkeit in vielen Fällen erheblich zu vereinfachen.

Aber wie funktionieren Aktoren eigentlich? Die Grundidee ist, dass jeder Aktor seine eigene *Mailbox* hat – einen Container für eine lineare Ansammlung von Nachrichten. Andere Aktoren senden Nachrichten an einen Aktor, und diese werden in dessen Mailbox abgelegt. Der Aktor verarbeitet die Nachrichten dann nacheinander. Ein Aktor erhält zudem einen Zeiger auf den Absender, falls eine Nachricht zurückgesandt werden soll. Nachrichten sind unveränderlich. Das Senden von veränderlichen Nachrichten würde das Modell vor die schwierige Aufgabe stellen, Zustandsänderungen zu verwalten, insbesondere wenn verschiedene Threads daran beteiligt sind.

Vorteil des Aktorenmodells

Da die Nachrichten unveränderlich sind und einzeln nacheinander verarbeitet werden, entsteht keine Gefahr fehlerhafter gemeinsam genutzter, veränderlicher Zustände.

Die eng in Scala integrierte Akka-Bibliothek stellt Aktoren und deren Infrastruktur bereit. In puncto Performance können Akka-Aktoren 50 Millionen Nachrichten pro Sekunde auf einem einzigen Rechner verarbeiten! Möglich wird dies unter anderem durch die Unveränderlichkeit der Nachrichten. In Scala repräsentieren wir die Nachrichten durch Fallobjekte. Eine Einführung in Fallobjekte finden Sie in Anhang A, Abschnitt A.6, »Case-Klassen«.

Die Grundidee ist, Aktoren zu erstellen und ihnen dann Nachrichten zu senden, die sie zu bestimmten Aktionen auffordern. Das Senden einer Nachricht ähnelt ein wenig dem Aufruf einer Methode auf einem Objekt. Tatsächlich haben einige frühe objektorientierte Sprachen, insbesondere Smalltalk, Nachrichten weitergegeben, statt Methodenaufrufe zu nutzen. Dies ist bei der Entwicklung objektorientierter Sprachen eine brauchbare Alternative zu Methoden, obwohl Methodenaufrufe weitaus häufiger eingesetzt werden.

Hinweis zur Verwendung von Aktoren

Wenn Sie Aktoren verwenden möchten, planen Sie zunächst, welche Kommunikationsmuster modelliert werden sollen, bestimmen dann die zentralen Beteiligten und ihre Kommunikation und erstellen für diese schließlich Aktoren.

Sehen wir uns die Implementierung einer Miniaturversion des Spiels Pong an. Es gibt zwei Arten von Aktoren: typisierte und nicht typisierte. Typisierte Aktoren sind der modernere Standard. In den Beispielen verwenden wir jedoch die untypisierten Aktoren, weil sie einfacher sind und wir uns besser auf die grundlegenden Ideen konzentrieren können. Im Folgenden verwenden wir Klassen wie `Actor`, `ActorRef` und `Actorsystem`. Wir werden diese im Anschluss genauer betrachten.

```
case object PingMessage
case object PongMessage
case object StartMessage
case object StopMessage

class Ping(pong: ActorRef) extends Actor {
  var count = 0
  def incrementAndPrint { count += 1; println("ping") }
  def receive = {
    case StartMessage =>
        incrementAndPrint
        pong ! PingMessage
    case PongMessage =>
        incrementAndPrint
        if (count > 99) {
          sender ! StopMessage
          context.stop(self)
        } else {
          sender ! PingMessage
        }
  }
}

class Pong extends Actor {
  def receive = {
    case PingMessage =>
        println("  pong")
        sender ! PongMessage
    case StopMessage =>
        context.stop(self)
  }
}

object PingPongTest extends App {
  val system = ActorSystem("PingPongSystem")
  val pong = system.actorOf(Props[Pong], name = "pong")
  val ping = system.actorOf(Props(new Ping(pong)), name = "ping")
```

```
  // starten
  ping ! StartMessage
}
ping ! PongMessage
```

Listing 6.1 Messages zwischen »ping« und »pong« (Scala)

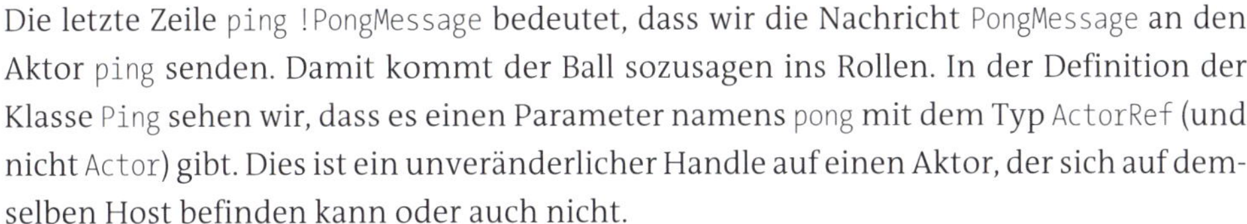

Python-Special

Für eine Umsetzung in Python siehe Abschnitt B.6.1, Listing B.15.

Die letzte Zeile `ping !PongMessage` bedeutet, dass wir die Nachricht `PongMessage` an den Aktor `ping` senden. Damit kommt der Ball sozusagen ins Rollen. In der Definition der Klasse `Ping` sehen wir, dass es einen Parameter namens `pong` mit dem Typ `ActorRef` (und nicht `Actor`) gibt. Dies ist ein unveränderlicher Handle auf einen Aktor, der sich auf demselben Host befinden kann oder auch nicht.

Sie finden auch die Klasse `ActorSystem`. Dies ist der Kontext des Aktors, und `ActorSystem` erzeugt auch neue Aktoren.

Die Akka-Bibliothek bietet zwei grundlegende Konzepte: Aktoren und Streams. Wir haben uns kurz mit Aktoren beschäftigt und wenden uns nun den Streams zu. Diese werden übrigens mithilfe von Aktoren implementiert.

6.1 Streams

Kommen wir zu den *Streams*. Ein Stream oder *Datenstrom* ist ein Container für Daten, der potenziell unendlich sein kann und die Daten sequenziell enthält. Der Stream erlaubt es uns, Daten zu verarbeiten, während sie durch den Stream fließen, ohne den Zustand der Daten im Speicher zu ändern. Man kann den Datenstrom als eine Art erweiterte Sammlung betrachten. Aus funktionaler Sicht betrachten wir zwei Ansätze: Einerseits könnten wir ein Objekt im Speicher haben, dessen Felder sich im Laufe der Zeit verändern – das ist das herkömmliche, imperative oder objektorientierte Paradigma der Zustandsveränderung. Bei einem Stream in einem funktionalen Programm haben wir andererseits einen Speicherbereich, in dem Objekte in den Stream eintreten und den Stream verlassen. Der Datenstrom ermöglicht uns somit eine fortlaufende Verarbeitung von Daten, ohne dass sich der Zustand der Daten im Speicher verändern muss.

Neue Objekte als Entwicklungsstufe

Anstatt einen Zustand zu verändern, können wir uns später auftretende Objekte als eine spätere evolutionäre Stufe eines vorherigen Objekts vorstellen, ohne einen expliziten zeitlichen Bezug.

Stellen Sie sich eine Variable x vor, die über die positiven Ganzzahlen reicht, wobei sich x verändert, während die Zeit von $t = 1$, $t = 2$, $t = 3$ usw. fortschreitet. Alternativ könnten Sie x als eine Funktion betrachten, die zu einem bestimmten Zeitpunkt existiert. In diesem Fall bleibt alles unverändert. Ein Datenstrom kann auf ähnliche Weise betrachtet werden. Es hängt alles von Ihrer Perspektive ab. Es gibt zahlreiche Stream-Bibliotheken, die sich in Design und Zweck voneinander unterscheiden. Einige davon werden wir uns in verschiedenen Programmiersprachen ansehen.

6.2 Akka-Streams

Beschäftigen wir uns nun mit der Funktionsweise von *Akka-Streams*. Diese werden tatsächlich unter Verwendung von *Akka-Aktoren* implementiert. Da Akka-Streams auf Aktoren aufbauen, benötigen wir zunächst ein `ActorSystem`, ähnlich wie bei Aktoren.

```
implicit val system: ActorSystem = ActorSystem("StreamExample")
```

Listing 6.2 Aktorensystem für Akka-Streams (Scala)

Lassen Sie uns auch die notwendigen Stream-bezogenen Klassen importieren:

```
import akka.stream._
import akka.stream.scaladsl._
```

Ein Stream in Akka besteht aus drei Hauptkomponenten: der *Quelle*, dem *Fluss* und der *Senke*.

6.2.1 Quelle

Die *Quelle* eines Datenstroms erklärt sich quasi selbst – sie ist der Eintrittsort der Daten in den Stream. Akka bietet zahlreiche vordefinierte Quellen. Hier ein einfaches Beispiel:

```
val source = Source(1 to 1000)
```

Listing 6.3 Eine Quelle, die Ganzzahlen von 1 bis 1000 ausgibt (Scala)

Beachten Sie, dass die Variable `source` in diesem Kontext tatsächlich keine Daten enthält. Sie dient lediglich zur Beschreibung der Ausgabe von Ganzzahlen. Um diese Ganzzahlen tatsächlich auszugeben, müssen wir den Stream *ausführen*. In der funktionalen Programmierung unterscheiden wir sorgfältig zwischen der *reinen* Beschreibung eines Programms und dem *unreinen* Ausführungsteil, der etwa durch eine Ausgabe oder das Auslösen einer Ausnahme zu Nebeneffekten führen kann. Das Paradigma, eine Berechnung zu beschreiben und nur dann auszuführen, wenn dies explizit gewünscht wird, ist ein fortgeschrittener funktionaler Prozess, den wir in Kapitel 7, »Wie geht es weiter?«, näher betrachten werden.

Es existieren diverse nützliche `run`-Funktionen. Hier ein Beispiel:

```
source.runForEach(i => println(i))
```

Listing 6.4 Die Zahlen aus der Quelle nacheinander ausgeben (Scala)

Im Kontext einer Prozessbeschreibung kann eine Quelle wiederverwendet werden, im Gegensatz zu einem Iterator. Sehen wir uns ein Beispiel an, in dem diese Quelle in eine Datei geschrieben wird:

```
source.runWith(FileIO.toPath(Paths.get("numbers.txt")
```

Listing 6.5 Die Daten aus der Quelle speichern (Scala)

6.2.2 Fluss

Zwischen der Quelle und der Senke kann der *Fluss* stehen. Dieser erzeugt auf Basis der eingehenden Daten eine neue Datenportion, statt den Zustand der eintreffenden Daten zu verändern. Hier ein ausführliches Beispiel mit Testdateien namens *test1.txt* bis *test3.txt*:

```
import akka.actor.ActorSystem
import akka.stream.ActorMaterializer
import akka.stream.scaladsl.{Sink, Source}
import java.io.File

implicit val actorSystem = ActorSystem("system")
implicit val actorMaterializer = ActorMaterializer()

val source = Source(List("test1.txt", "test2.txt", "test3.txt"))
val mapper = Flow[String].map(new File(_))
val existsFilter = Flow[File].filter(_.exists())
```

```
val lengthZeroFilter = Flow[File].filter(_.length() != 0)
val sink = Sink.foreach[File](f -> println(s"Absolute path:
 ${f.getAbsolutePath}"))

val stream = source
  .via(mapper)
  .via(existsFilter)
  .via(lengthZeroFilter)
  .to(sink)

stream.run()
```

Listing 6.6 Akka-Stream, für die Ausgabe von Dateipfaden (Scala)

Wie bereits erwähnt, wird ein Stream in Akka nicht sofort ausgeführt; anfangs stellt er lediglich eine Beschreibung einer Stream-Berechnung dar. Er muss materialisiert werden, weshalb wir implizit die Klasse `ActorMaterializer` importieren. Die Ausgabe von `println` in der `sink`-Variablen wird erst bei der Zeile `stream.run()` ausgeführt. Erst zu diesem Zeitpunkt wird die Beschreibung der Berechnung in eine tatsächliche Berechnung umgewandelt.

6.2.3 Senke

Schauen wir uns nun die *Senke* eines Datenstroms an. Die Daten stammen von der Quelle und werden in die Senke geleitet. `sink` ist ein Operator mit genau einem Eingang, der Datenelemente anfordert und entgegennimmt, wodurch möglicherweise der stromaufwärts befindliche Produzent von Elementen verlangsamt wird. Diese Verlangsamung wird als *Backpressure* bezeichnet, und die Tatsache, dass sie mit Akka-Streams mitgeliefert wird, stellt ein wertvolles Zusatzmerkmal dar. Einige Beispiele:

```
val source = Source(1 to 10)
val sink = Sink.fold[Int, Int](0)(_ + _)
val sum: Future[Int] = source.runWith(sink)
```

Listing 6.7 Beispiele für »Backpressure« (Scala)

Ähnlich wie bei der Quelle handelt es sich bei der Senke ebenfalls um die Beschreibung einer Berechnung. Der tatsächliche Wert muss beim Aufruf *materialisiert* werden.

In diesen Beispielen werden die Zahlen aus der `source` addiert.

Wir haben nun gesehen, wie wir eine `source` mit einem `Flow` oder `Flows` und einem `sink` verbinden können, um eine Stream-Berechnung zu erstellen. Akka-Streams verfügen jedoch über noch viel mehr Funktionalitäten. Um mehr über Akka-Streams zu erfahren, bietet sich die Dokumentation als Ausgangspunkt an: *https://doc.akka.io/docs/akka/current/stream/index.html*.

6.3 Weitere Informationen zu Streams

Nachdem wir nun einige Beispiele für die Implementierung von Datenströmen gesehen haben, beschäftigen wir uns mit ihren Grundlagen und ihrer Einbindung in das funktionale Paradigma.

Warnung

Es ist durchaus möglich, Streams zu schreiben, die den Zustand verändern. Aber Vorsicht! In solchen Fällen handelt es sich nicht um rein funktionale Streams.

Unser Schwerpunkt liegt auf rein funktionale Streams, die wir aus einer grundsätzlichen, theoretischen Perspektive betrachten. Obwohl Streams nicht immer auf diese Weise genutzt werden, bietet diese Betrachtungsweise eine besonders funktionale Perspektive. Sehen wir uns eine sehr spezifische Situation an. Wir haben einen Datenstrom `S` und eine Objektsequenz `xn` im Datenstrom, wobei `n` positive Ganzzahlen darstellt. Zu verschiedenen Zeitpunkten enthält der Stream also `x1`, `x2`, `x3` usw. Vereinfachen wir dies weiter und nehmen wir an, dass der Stream `S` zum Zeitpunkt `n` nur ein Objekt enthält, nämlich `xn`. Die Indizes dienen als Zeitmarker, weshalb wir dazu tendieren, den Datenstrom als eine zeitlich *strömende* oder sich durch den Stream bewegende Abfolge von Elementen zu betrachten. Alternativ könnten wir uns auch vorstellen, dass sich die `xn`-Objekte verändern. Eine andere Betrachtungsweise ist, dass ein `xn` ein *Aspekt* eines größeren Objekts `x` ist. `x` kann dabei in verschiedenen Zuständen existieren.

Merke

`x` kann verschiedene Zustände annehmen. Zum Zeitpunkt `n` befindet sich `x` im Zustand `xn`. Wenn wir es auf diese Weise betrachten, sehen wir `x` als ein unveränderliches Objekt, das zu einem bestimmten Zeitpunkt im Datenstrom den Zustand `xn` aufweist.

`xn` verwandelt sich hier nicht in `xn+1`. Vielmehr existieren `xn`, `xn+1` und alle anderen `xi` gleichzeitig und bilden zusammen `x`. Auf der Code-Ebene verwenden wir ausschließlich unveränderliche Daten und erstellen neue Objekte `xn` im Datenstrom für verschiedene Werte von `n`. Es ist eine Frage der Perspektive. Es existiert ein unveränderliches Objekt namens `x`, das wir als `(xn)` bezeichnen können. Wir betrachten dann `x` als vollständiges, unveränderliches Objekt. Wenn wir uns nun vorstellen, dass der Datenstrom zum Zeitpunkt `n xn` enthält, mag es so scheinen, als würde sich `x` verändern. Das ist jedoch eine Illusion, die auf der Tatsache beruht, dass wir `x` nicht als abgeschlossenes Objekt betrachten.

Wie bereits erwähnt, sind Datenströme mit veränderlichem Zustand möglich. Zwar erfordert es einen gewissen Aufwand, um sicherzustellen, dass kein Zustand verändert wird, aber es gibt einige gute Bibliotheken, die diese Aufgabe für Sie übernehmen können. Die bekannteste heißt FS2.

6.4 FS2: funktionale Streams für Scala

In diesem Abschnitt betrachten wir Streams aus einer funktionalen Perspektive.

Auf der FS2-Website (*https://github.com/typelevel/fs2*) wird Folgendes erläutert:

> *FS2 ist eine Bibliothek für die rein funktionale, effektive und polymorphe Verarbeitung von Datenströmen in der Programmiersprache Scala. Die Designziele dieser Bibliothek sind Kompositionsfähigkeit, Ausdrucksstärke, Ressourcensicherheit und Geschwindigkeit. Der Name ist ein modifiziertes Akronym für »Functional Streams for Scala« (FSS oder FS2).*

FS2 baut auf zwei funktionalen Bibliotheken für Scala auf: Cats und Cats Effect. Zur Verwendung fügen Sie einfach die folgende Konfiguration in Ihre *build.sbt*-Datei ein:

```
libraryDependencies += "co.fs2" %% "fs2-core" % "3.9.3"
libraryDependencies += "co.fs2" %% "fs2-io" % "3.9.3"
```

Sehen wir uns an einem kleinen Beispiel an, wie FS2 funktioniert. Beachten Sie, dass FS2 das *Programm als Beschreibung verwendet und dann das Modell ausführt*. In der Cats-Effect-Bibliothek, die in Kapitel 7, »Wie geht es weiter?«, genauer beschrieben wird, gibt es eine Klasse namens `IO`.

Betrachten wir sie vorerst als Future. Dieses wird einen Wert halten, wenn der Prozess seine Aktion abgeschlossen hat. Die Variable `converter` führt faktisch keine Aktion aus, sondern beschreibt lediglich das Programm. Wenn dann die Funktion `run` aufgerufen wird, führt das Programm tatsächlich die gewünschte Aktion aus.

```
import cats.effect.{IO, IOApp}
import fs2.{Stream, text}
import fs2.io.file.{Files, Path}
object Converter extends IOApp.Simple {
  val converter: Stream[IO, Unit] = {
    def fahrenheitToCelsius(f: Double): Double =
      (f - 32.0) * (5.0/9.0)
  Files[IO].readAll(Path("testdata/fahrenheit.txt"))
    .through(text.utf8.decode)
    .through(text.lines)
    .filter(s => !s.trim.isEmpty && !s.startsWith("//"))
    .map(line => fahrenheitToCelsius(line.toDouble).toString)
    .intersperse("\n")
    .through(text.utf8.encode)
    .through(Files[IO].writeAll(Path("testdata/celsius.txt")))
  }
  def run: IO[Unit] =
    converter.compile.drain
}
```

Listing 6.8 Konvertierung von Fahrenheit zu Celsius mit FS2-Streams (Scala)

Das Objekt `converter` ist ein Stream, und `converter.compile` führt den Stream aus. `drain` wartet effektiv darauf, dass der Stream seinen Verlauf beendet. Dies geschieht im Grunde genommen durch Blockieren, bis die Ausführung abgeschlossen ist.

Jede hier aufgerufene Zeile modifiziert den Text, indem sie eine bestimmte Operation ausführt und dann einen neuen Textabschnitt erstellt. Dieser Code ist vollständig funktional. Es wird kein Zustand verändert, sondern vielmehr durch eine neue Zeile ersetzt, die auf irgendeine Weise verarbeitet wurde.

Hier ist ein Beispiel für eine Wortzähl-Funktion:

```
def readAndWriteFile(readFrom: String, writeTo: String): Stream[IO, Unit] =
Stream.resource(Blocker[IO]).flatMap { blocker =>
val source: Stream[IO, Byte] =
io.file.readAll[IO](Paths.get(readFrom), blocker, 4096)
  val pipe : Pipe[IO,Byte,Byte] = src =>
    src.through(text.utf8Decode)
    .through(text.lines)
      .flatMap(line => Stream.apply(line.split("\W+"): _*))
      .fold(Map.empty[String, Int]) {
```

```
          (count, word) =>
            count + (word -> (count.getOrElse(word, 0) + 1))
        }
        .map (_.foldLeft("") {
            case (accumulator, (word, count)) =>
              accumulator + s"$word = $count"
          }
        )
        .through(text.utf8Encode)

    val sink : Pipe[IO,Byte,Unit] = io.file.writeAll(Paths.get(writeTo), blocker)

    source
      .through(pipe)
      .through(sink)
}
```

Listing 6.9 Wörter in einer Datei zählen mit FS2-Streams (Scala)

Auch dieses Beispiel ist rein funktional – nirgendwo eine Zustandsänderung.

6.5 Fazit

In der funktionalen Programmierung erreichen wir Nebenläufigkeit, indem wir sicherstellen, dass ein möglichst großer Teil unseres Codes unveränderlich ist und dass wir Zustandsänderungen so weit wie möglich minimieren.

Darüber hinaus haben wir gesehen, dass Streams ebenfalls ein wichtiger Bestandteil der Implementierung von Nebenläufigkeit in einem funktionalen Programm sind. Wenn wir Objekte als Streams betrachten, können wir die gesamte Lebensdauer eines sich ändernden Objekts als einen Stream zu sehen, der sich selbst nicht ändert. Streams sind ein wichtiges Werkzeug für den Umgang mit Nebenläufigkeit.

Kapitel 7
Wie geht es weiter?

Wir haben die verschiedenen Aspekte der funktionalen Programmierung kennengelernt, beispielsweise Unveränderlichkeit, referenzielle Transparenz, Funktionen höherer Ordnung, Trägheit und Mustervergleich, und wir haben uns mit verschiedenen Methoden beschäftigt, um all diese Konstrukte in unserem Code einzusetzen. Nun stellt sich die Frage, wie wir das nächste Level erreichen können. Es gibt verschiedene Wege, auf denen wir unsere Reise fortsetzen können.

7.1 Den reinen Weg einschlagen

Wir haben in diesem Buch immer wieder betont, dass unser Code umso »funktionaler« wird, je mehr dieser Techniken wir anwenden. Aber kann Code tatsächlich »vollständig funktional« sein? Die Antwort lautet »gewissermaßen«, und wir werden uns nun damit beschäftigen, was das bedeutet. Wir sprechen hier von »rein funktionalem Code« oder »reinem funktionalem Code«. Lassen Sie uns mit einigen leicht zugänglichen Aspekten beginnen, nämlich den `print`-Anweisungen. In den meisten nicht trivialen Programmen treten verschiedene Nebeneffekte auf, wie das Schreiben in eine Datei, die Konsolenausgabe, das Öffnen eines Sockets oder das Auslösen einer Ausnahme. Treten solche Nebeneffekte auf, ist unser Code nicht mehr rein funktional.

Was können wir dagegen tun? Wenn es nicht möglich ist, alle Nebeneffekte aus unserem Code zu verbannen, so können wir zumindest versuchen, sie an den äußeren Rand des Programms zu drängen. Dadurch wird klar, wo sich die »unsauberen« Teile befinden. Ich verwende den Ausdruck »äußerer Rand« metaphorisch. Es geht darum, alle Nebeneffekte in einem separaten Bereich des Programms zu isolieren, der leicht vom restlichen Code unterscheidbar ist. So entsteht eine klare Trennung zwischen dem *reinen* und dem *unreinen* Programmteil. Alle Nebeneffekte befinden sich im unreinen Teil.

Angenommen, wir wollen die folgende Zeile in unseren Code einfügen:

```
println("Starting up...")
```

Dies ist ein Nebeneffekt. Wie sähe es aus, wenn wir diesen Nebeneffekt am äußeren Programmrand isolieren würden? Hierzu könnten wir ein Scala-Trait `SE` (für *side effect*) mit einer `run`-Methode erstellen:

```
trait[A] SE(a: A) { def run }
```

Wir könnten die `println`-Anweisung in dieses Trait einbetten. Der Ausdruck an sich führt jedoch keine Ausgabe durch:

```
SE(println("starting up"))
```

Betrachten Sie ihn als Beschreibung des Nebeneffekts. Erst wenn wir die `run`-Methode aufrufen, wird tatsächlich eine Ausgabe erzeugt. In Scala gibt es kein solches Trait, aber die Cats-Effect-Bibliothek für funktionale Programmierung in Scala bietet eine ähnliche Klasse namens `IO`. Diese ist zufällig auch eine Monade. Sehen wir uns eine andere Demonstration der `IO`-Monade an, bei der referenzielle Transparenz ins Spiel kommt:

```
val x = 23
(x, x)
```

Ist das obige Programm dasselbe wie das folgende?

```
(23,23)
```

Um das herauszufinden, können wir jedes `x` durch `23` ersetzen. In beiden Fällen sieht der Code dann so aus:

```
(23,23)
```

Daraus können wir schließen, dass diese beiden Programme tatsächlich gleich sind.

Um einen Wert in Instanzen einer Variablen zu ersetzen, müssen die betreffenden Funktionen referenziell transparent sein. Um dies zu verstehen, versuchen wir dasselbe mit einer `println`-Anweisung.

```
val x = println("Dude")
(x, x)
```

Ist der vorangehende Code dasselbe Programm wie der folgende?

```
(println("Dude"), println("Dude"))
```

Nein! Wenn Sie diese beiden Programme ausführen, werden Sie feststellen, dass das erste Programm einmal "Dude" ausgibt, während das zweite zweimal "Dude" ausgibt. Wir haben versucht, eine Variable durch ihren Wert zu ersetzen, und dabei festgestellt, dass das Ergebnis nicht gleichbleibt. Eine Funktion, die `println` enthält, ist nicht referenziell transparent, und die Ersetzung funktioniert nicht wie erwartet.

7.1.1 Die IO-Monade

Was ist zu tun? Heißt das, dass wir überhaupt keine Funktionen verwenden können, die nicht referenziell transparent sind?

Funktionen wie `println`, das Lesen aus einer Datei, das Schreiben in eine Datei, eine Datenbankabfrage, das Löschen einer Tabelle – natürlich können wir diese Funktionen nicht einfach abschaffen. Es gibt jedoch eine Lösung, und zwar einen allgemeinen Ansatz, um dennoch funktionale Programme zu schreiben. Der Gedanke ist, das Programm durch eine Beschreibung oder eine Blaupause zu ersetzen, die präzise beschreibt, was das Programm tun soll.

Diese Beschreibung selbst weist keine Nebeneffekte auf. Anstatt beispielsweise direkt in die Konsole zu schreiben, was ein Nebeneffekt ist, formulieren wir, dass das Programm in die Konsole schreiben muss, ohne tatsächlich eine Ausgabe zu erzeugen. Zusätzlich zur Beschreibung gibt es dann noch eine Interpretation des Programms. Hier werden die Aktionen (oder Nebeneffekte) des Programms ausgeführt. Dazu können wir eine sogenannte `IO`-Monade verwenden:

```
val x = IO { println("Dude") }
(x, x)
```

Listing 7.1 IO-Monade, um Nebeneffekt zu demonstrieren (Scala)

Das nächste Programm sieht genauso aus:

```
(IO { println("Dude")}, IO{ println("Dude")}
```

Keines dieser Programme führt tatsächlich eine Ausgabe durch. Es handelt sich um Beschreibungen. Um das tatsächliche Ergebnis zu ermitteln, bietet die `IO`-Monade eine Methode `unsafeRunSync()` (und weitere, ähnlich benannte Methoden). `unsafeRunSync` führt den eigentlichen Nebeneffekt aus. In diesem Fall wird "Dude" auf der Konsole ausgegeben. Das `unsafe` im Namen der Methode warnt uns, dass wir die Sphäre der rein funktionalen Programmierung verlassen und in die »reale Welt« eintreten.

```
val x = IO { println("Dude")}
x.unsafeRunSync()
```

Listing 7.2 Ausführen der IO-Monade mit Nebeneffekt (Scala)

Dies führt dazu, dass "Dude" auf der Konsole ausgegeben wird.

Da es sich bei IO um eine Monade handelt, besitzt sie Methoden wie map und flatMap. Das ermöglicht Folgendes:

```
val x = IO { println("Dude") }

val program: IO[Unit] =
  for {
     _ <- x
     _ <- x
  } yield ()

program.unsafeRunSync()
```

Listing 7.3 IO-Monade mit »map« und »flatMap« – und Nebeneffekt (Scala)

Hierdurch wird "Dude" zweimal auf der Konsole ausgegeben.

Mehr über die IO-Monade

Nehmen wir einmal an, wir haben eine Funktion:

```
doSomething
```

Und die folgende for-Abstraktion:

```
for {
    _ <- doSomething
    _ <- doSomething
} yield ()
```

Listing 7.4 »for«-Abstraktion mit Funktion ...

Wegen der referenziellen Transparenz von »doSomething()« können wir mit der IO-Monade Folgendes umsetzen:

```
val task = doSomething

for {
    _ <- task
    _ <- task
} yield ()
```

Listing 7.5 ... und mit einer Variablen für die Funktion (Scala)

Wir können die IO-Monade für diese Zwecke verwenden, jedoch nicht Future. Die IO-Monade spielt eine bedeutende Rolle in der funktionalen Programmierung in Scala. Dieser Punkt zeigt die Grenzen von Future aus der Perspektive der funktionalen Programmierung auf.

Was ist mit Haskell?

Die Programmiersprache Haskell wurde von einer Arbeitsgruppe entwickelt. Ein Team von Sprachdesignern aus dem wissenschaftlichen und industriellen Bereich widmete sich dem *Modell* einer reinen funktionalen Programmiersprache. Viele andere Programmiersprachen, sowohl reine als auch unreine, haben Ideen von Haskell aufgegriffen. Haskell wirkt wie ein Prototyp für funktionale Ideen und ist, wie bereits erwähnt, rein funktional. Wenn ich x auf 3 setze, kann ich dies niemals ändern. In Scala kann ich zwar ebenfalls eine solche Variable x erstellen, aber dann muss ich das Schlüsselwort val verwenden.

```
val x = 3 // kann niemals verändert werden
```

In Haskell benötigt man keine speziellen Schlüsselwörter für Unveränderlichkeit – es ist das standardmäßige Verhalten. Ähnlich wie Scala ist auch Haskell stark typisiert. In vielerlei Hinsicht, so scheint es mir, dachte Martin Odersky an Haskell, als er Scala schuf. Odersky wollte jedoch ganz explizit sowohl funktionale als auch objektorientierte Aspekte in Scala einbringen. Dies ist der Hauptunterschied zwischen Haskell und Scala.

Falls Sie an Haskell auf der Java Virtual Machine (JVM) interessiert sind, bietet sich die Implementierung ETA (*https://eta-lang.org/*) an.

Dennoch bleibt die Frage: Ist Haskell eine praxisnahe Lösung? Obwohl es gelegentlich in der Industrie Verwendung findet, ist Haskell nach wie vor eher eine akademische Sprache, die sich besser für Aufgaben wie die Entwicklung anderer Sprachen eignet.

Wie gehen wir also vor, wenn wir nicht den vollständig reinen Weg einschlagen möchten?

7.1.2 Den Mittelweg beschreiten

Viele Leserinnen und Leser sind vielleicht an funktionaler Programmierung interessiert, aber nicht unbedingt an der reinen Variante mit Haskell oder einer anderen reinen funktionalen Programmiersprache wie Agda, Idris, Curry oder Miranda.

Für sie gibt es einen Mittelweg – eine Auswahl an Programmiersprachen, zu denen auch Scala gehört. Diese Sprachen bieten viele Vorteile der funktionalen Programmierung, ohne bei jedem Schritt auf strikte Einhaltung aller funktionalen Ideen und Konstruktionen zu bestehen. Ich liste ein paar der populärsten auf und gebe zu jeder kurz einige Informationen.

7.1.3 JVM-Sprachen

Kotlin

Kotlin, 2011 von der St. Petersburger Firma JetBrains vorgestellt, ist als JVM-Sprache plattformübergreifend nutzbar.

2019 wurde Kotlin von Google als bevorzugte Sprache für die Android-Plattform ausgewählt, was die Bekanntheit stark erhöht hat. Kotlin ist stark typisiert und hat funktionale Züge. Neben Java-Bytecode kann Kotlin-Code auch zu JavaScript kompiliert werden. *Kotlin Multiplatform* – 2023 als Beta-Version verfügbar – ermöglicht es, den gleichen Code für Web, Desktop, Android und iOS zu nutzen. Einige interessante Eigenschaften von Kotlin sind:

- **Erweiterungsfunktionen**
  Diese ermöglichen das Hinzufügen von Funktionen zu Klassen. Zum Beispiel könnte eine Funktion erstellt werden, die auf Strings aufgerufen wird und das letzte Zeichen zurückgibt:

  ```
  fun String.lastChar(): Char = get(length - 1)
  ```

- **Klassen sind standardmäßig final.**
  In Kotlin müssen Basisklassen als `open` markiert sein, wenn von ihnen abgeleitet werden soll. Dieses Standardverhalten spiegelt die funktionalen Tendenzen der Sprache wider.

- **Datenklassen**
  Diese ähneln den Case-Klassen in Scala.

Lisp

Die Geschichte der funktionalen Programmierung reicht viel weiter zurück als Haskell. Bereits im Jahr 1958 trat *Lisp* auf den Plan. Lisp ist eine der ersten höheren Programmiersprachen und fällt durch den Einsatz von Klammern auf. Hier ein Beispiel für den Scheme-Dialekt von Lisp (es gibt zahlreiche Lisp-Dialekte):

```
(define new-withdraw
  (let ((balance 100))
    (lambda (amount)
      (if (>= balance amount)
          (begin (set! balance (- balance amount))
                 balance)
          "Insufficient funds"))))
```

Listing 7.6 Funktion zur Verwaltung von Kontoguthaben (Lisp-Dialekt Scheme)

7.1.4 .NET-Sprachen

F# ist eine funktionale Programmiersprache von Microsoft, die auf der .NET-Plattform läuft. F# ist sozusagen Microsofts Antwort auf Scala. F# unterstützt sowohl funktionale als auch objektorientierte Programmierung. Wenn Sie Code für die .NET-Plattform benötigen und funktionalen Code schreiben wollen, ist F# eine gute Wahl. Es gibt auch eine .NET-Version von Haskell für jene, die eine reine funktionale Programmiersprache auf dieser Plattform bevorzugen.

7.1.5 Typklassen

Eine besonders wichtige Struktur in Haskell sind die *Typklassen*. Sehen wir uns an, wie sie in Scala genutzt werden können.

Auf den ersten Blick scheinen Typklassen den Java-Schnittstellen oder Scala-Traits sehr ähnlich zu sein. Bei näherer Betrachtung sind sie jedoch weitaus mächtiger. Philip Wadler und Stephen Blott haben diese Struktur in Haskell eingeführt. Ein Datentyp muss alle vorgeschriebenen Funktionen und Konstanten mit entsprechenden Typen zur Verfügung stellen, um Teil einer Typklasse zu sein. Im Gegensatz zu anderen Sprachen gibt es in Haskell keine normalen Klassen – die Typklassen sind hier das Äquivalent.

Typklassen ermöglichen uns die Anwendung von Ad-hoc-Polymorphie. Zunächst einmal, was bedeutet Polymorphie? Polymorphie bedeutet wörtlich »Vielgestaltigkeit«. Es beschreibt die Fähigkeit, denselben Funktionsnamen auf Argumente verschiedener Typen anzuwenden. Das heißt, eine Funktion kann mit verschiedenen Datentypen verwendet werden. Um diese Idee zu verdeutlichen, betrachten wir eine einfache Funktion `plus`, die zwei Ganzzahlen addiert:

```
def plus(x: Int, y: Int): Int = x + y
```

Listing 7.7 Einfache Addition (Scala)

Stellen wir uns nun vor, dass diese Funktion auch für Zeichenketten funktionieren soll. Schließlich können wir zwei Strings »addieren«, indem wir sie aneinanderhängen. In Scala können wir dazu einfach Überladung nutzen:

```
def plus(x: Int, y: Int): Int = x + y
def plus(x: String, y: String): String = x + y
```

Listing 7.8 Überladung, um »plus« auch für Zeichenketten zu nutzen (Scala)

Irgendetwas daran ist unbefriedigend. Die beiden Methoden sind nahezu identisch, und wir müssen sie separat definieren. Es muss eine elegantere Lösung geben! Versuchen wir, einen Typ-Parameter einzufügen, und schauen wir, was uns das bringt:

```
def plus[A](x: A, y: A): A = // Was kommt hier hin?
```

Das Problem ist, dass wir nicht wissen, was `A` ist. Dies wäre jedoch nötig, um zu verstehen, wie wir die Werte miteinander kombinieren können. Eine Idee könnte sein, ein Trait namens `HasPlus` zu erstellen und zu verlangen, dass unser `A` ein Untertyp von `HasPlus` ist. Wir könnten `HasPlus` folgendermaßen definieren:

```
trait HasPlus[A] {
    def plus(x: A, y: A): A
}
```

Listing 7.9 Trait, um sicherzustellen, dass es eine »plus«-Funktion gibt (Scala)

Anschließend könnten wir unsere generische `plus`-Funktion folgendermaßen schreiben:

```
def plus[A <% HasPlus[A]](x: A, y: A): A = plus(x,y)
```

Listing 7.10 Verwendung des Traits mit Typbeschränkung (bis Scala 2.12)

»<%« bis Scala 2.12

Die *Typbeschränkung* (engl. *View Bound*) `<%` gibt an, dass der Typ links ein Untertyp des Typs rechts ist, im Beispiel also `A` ein Untertyp von `HasPlus[A]`, sodass `A` das Trait `HasPlus[A]` implementieren muss.

Diese Syntax ist seit Scala 2.11 als veraltet markiert und wurde in Scala 2.13 entfernt. Wie es ohne funktioniert, zeige ich etwas weiter unten.

Das würde bedeuten, dass A die Methode `plus` notwendigerweise implementieren muss. Dies scheint auf den ersten Blick zu funktionieren. Aber Moment mal! `Int` und `String` implementieren `HasPlus` nicht, und dagegen können wir nichts tun. Hier kommen Typklassen ins Spiel. Mit Typklassen können wir Funktionen zu bereits vorhandenen Klassen hinzuzufügen – das ist eine der Stärken dieses Konzepts. Schauen wir uns an, wie das funktioniert.

Merke: Typklassen

Mit Typklassen können wir Funktionen zu bereits bestehenden Klassen hinzufügen. Dadurch werden sie zu einem wirklich mächtigen Werkzeug.

Hier die gute Nachricht: `Int` und `String` müssen keine Subtypen von `HasPlus` sein; sie müssen nur in gewissem Sinne in `HasPlus` »konvertierbar« sein. Was wäre, wenn wir sie implizit in `HasPlus` umwandeln könnten? Das ist mithilfe von Scala-Implicits möglich, wie Sie hier sehen:

```
implicit def intToHasPlus(x: Int): HasPlus[Int] = new HasPlus[Int] {
  override def plus(other: Int) = x + other
}

implicit def stringToAddable(x: String): HasPlus[String] = new HasPlus[String] {
  override def plus(other: String) = x + other
}
```

Listing 7.11 Verwendung von Implicits, um »String« und »Int« als »HasPlus« nutzen zu können (Scala)

Um zum Ausdruck bringen, dass die Klasse in `HasPlus` konvertierbar ist, haben wir die Typbeschränkung von Scala verwendet – `A <% B` bedeutet, dass `A` in `B` konvertiert werden kann.

```
def plus[A <% HasPlus[A]](x: A, y: A): A = x.plus(y)
```

Dies besagt, dass die plus-Methode ein Objekt eines beliebigen Typs A akzeptiert, das (mithilfe von Implicits) in HasPlus konvertiert werden kann. Mit den beiden zuvor definierten Implicits ist dies möglich:

```
plus(3,4) // ergibt 7
plus("Hello", " World") // ergibt "Hello World"
```

Ein Problem bei diesem Konstrukt ist jedoch, dass das <%-Konstrukt seit Scala Version 2.11 veraltet ist. Hier kommen Typklassen ins Spiel. Betrachten wir noch einmal die Methode:

```
combine(x: A, y: A): A = ?
```

Wir wissen immer noch nicht, wie wir die beiden Werte kombinieren können. Nehmen wir an, wir haben ein HasPlus-Trait, das uns zeigt, wie wir die beiden Elemente addieren können:

```
trait HasPlus[A] {
    def plus(x: A, y: A): A
}
```

Listing 7.12 Definition des Traits »HasPlus« zur Vereinheitlichung der Addition (Scala)

Als Nächstes können wir HasPlus durch eine zweite Parameterliste hinzufügen. Wir können nun HasPlus für Ints und Strings konstruieren:

```
object IntHasPlus extends HasPlus[Int] {
  override def plus(x: Int, y: Int) = x + y
}
object StringHasPlus extends HasPlus[String] {
  override def plus(x: String, y: String)= x + y
}
```

Nun können wir combine folgendermaßen aufrufen:

```
combine(2,3)(intHasPlus)
combine("Hello", " World!")(StringHasPlus)
```

Wir sind fast am Ziel. Wir müssen nur noch die Implementierungen von HasPlus auf implicit setzen:

```
implicit object IntHasPlus extends HasPlus[Int] {
  override def plus(x: Int, y: Int) = x + y
}
implicit object StringHasPlus extends HasPlus[String] {
  override def plus(x: String, y: String)= x + y
}
```

Listing 7.13 Implizite Implementierungen von »HasPlus« (Scala)

Nun definieren wir `combine` folgendermaßen:

```
def combine[A](x: A, y: A)(implicit hasPlus: HasPlus[A]): A =
  hasPlus.plus(x, y)
```

Listing 7.14 Implizite Parameter verwenden (Scala)

Wir können dies ganz einfach wie folgt aufrufen:

```
combine(2,3)
combine("Hello World")
```

In Scala existiert auch ein Konstrukt namens *Context Bounds*. Ich werde es zunächst notieren und dann erläutern, wofür es als eine Art syntaktischer Zucker dient. Vorher möchte ich jedoch den `implicitly`-Operator einführen.

```
implicitly[A]
```

Dies zieht einfach eine Instanz von A aus dem impliziten Kontext, sofern vorhanden. Dann können wir Folgendes schreiben:

```
def combine[A : HasPlus](x: A, y: A): A = implicitly[HasPlus[A]].plus(x,y)
```

Das entspricht genau dem folgenden Code:

```
def combine[A](x: A, y: A)(hasPlus: HasPlus[A]): A = hasPlus.plus(x,y)
```

Auf diese Weise können wir also Folgendes formulieren:

```
def combine[A : HasPlus](x: A, y: A): A = implicitly[HasPlus[A]].plus(x,y)
```

Dies geschieht automatisch, als ob eine zweite Parameterliste mit einem impliziten `HasPlus`-Objekt vorhanden wäre. Mit dem folgenden Code im Begleitobjekt von `HasPlus` wird es noch kürzer und lesbarer:

```
object HasPlus {
  def apply[A: HasPlus]: HasPlus[A] = implicitly
}
```

Listing 7.15 Vereinfachung der »combine«-Funktion durch eine Hilfsmethode im »HasPlus«-Objekt

Jetzt können wir notieren:

```
def combine[A : HasPlus](x: A, y: A): A = HasPlus[A].plus(x,y)
```

Listing 7.16 Anwendung des Begleitobjekts von »HasPlus« (Scala)

Dies funktioniert für jeden Datentyp, für den es eine implizite Implementierung von `plus` gibt.

Ein weiteres Beispiel für eine Typklasse: JSON-Bibliothek

Mit dem folgenden Code modellieren wir eine einfache Bibliothek, die JSON serialisiert. Der Ausgangspunkt ist ein versiegeltes Trait namens `Json`:

```
sealed trait Json
```

Dann fügen wir einige Klassen und ein Objekt hinzu, die das Trait `Json` erweitern:

```
final case class JsObject(get: Map[String, Json]) extends Json
final case class JsString(get: String) extends Json
final case class JsNumber(get: Double) extends Json
final case object JsNull extends Json
```

Listing 7.17 Definition der JSON-Strukturen auf der Bases des versiegelten Traits »Json« (Scala)

Für die eigentliche Serialisierung benötigen wir die `write`-Methode. Das können wir mit dem folgenden Trait erreichen:

```
trait JsonWriter[A] {
  def write(value: A): Json
}
```

Listing 7.18 Typklasse »JsonWriter« zur Serialisierung (Scala)

`JsonWriter` ist die Typklasse, die wir definieren. Die anderen Traits, Klassen und Objekte dienen als unterstützender Code.

Nun erstellen wir die impliziten Implementierungen, die *Instanzen der Typklasse*:

```
final case class Person(name: String, email: String)

object JsonWriterInstances {
  implicit val stringWriter: JsonWriter[String] =
    new JsonWriter[String] {
      def write(value: String): Json =
        JsString(value)
    }

  implicit val personWriter: JsonWriter[Person] =
    new JsonWriter[Person] {
      def write(value: Person): Json =
        JsObject(Map(
          "name" -> JsString(value.name),
          "email" -> JsString(value.email)
        ))
    }

  // etc. ...
}
```

Listing 7.19 Implizite Instanzen von »JsonWriter« für verschiedene Typen (Scala)

Damit ist die Typklasse vollständig definiert. Wie setzen wir sie ein?

Unser Ziel ist eine Methode `toJson`, die ein Objekt vom Typ `T` für jedes `T` mit einer Typklasseninstanz serialisiert. Für die Case-Klasse `Person` existiert bereits eine solche Instanz.

```
object Json {
  def toJson[A](value: A)(implicit w: JsonWriter[A]): Json = w.write(value)
}
```

Listing 7.20 Eine generische Methode zur Serialisierung (Scala)

Die Nutzung gestaltet sich folgendermaßen:

```
import JsonWriterInstances._

Json.toJson(Person("Andrea", "andrea@example.com"))
```

Listing 7.21 Serialisierung einer Instanz von »Person« (Scala)

Wir erhalten die folgende Ausgabe:

```
Map("name" -> JsString("Andrea"), "email" -> JsString("andrea@example.com"))
```

Nehmen wir nun an, wir möchten Folgendes tun:

```
Person("Andrea", "andrea@example.com").toJson
```

Obwohl die Case-Klasse `Person` keine eigene `toJson`-Methode besitzt, ermöglichen Typklassen das Hinzufügen von Methoden zu bereits existierenden Klassen. Hierfür wird der folgende Code verwendet:

```
object JsonSyntax {
  implicit class JsonWriterOps[A](value: A) {
    def toJson(implicit w: JsonWriter[A]): Json =
      w.write(value)
  }
}
```

Listing 7.22 Nachträgliches Hinzufügen der Methode »toJson« (Scala)

Jetzt können wir folgendermaßen fortfahren:

```
import JsonWriterInstances._
import JsonSyntax._

Person("Andrea", "andrea@example.com").toJson
```

Listing 7.23 Serialisierung durch direkten Methodenaufruf (Scala)

Und damit haben wir unser Ziel erreicht.

7.2 Fazit

Mit Typklassen stehen uns unzählige Möglichkeiten offen. Viele weitere Beispiele finden Sie in der Cats-Bibliothek (*https://typelevel.org/cats/*), die zahlreiche nützliche Typklassen für den funktionalen Kontext bereithält.

Egal, ob Sie sich für den rein funktionalen Weg mit einer Sprache wie Haskell oder Scala mit der Cats-Bibliothek entscheiden oder den Mittelweg mit einer Sprache wie F#, Clojure, C#, Java oder Scala einschlagen möchten – funktionale Programmierung verleiht dem Code Klarheit, Generizität und Komponierbarkeit.

Anhang A
Scala

Warum habe ich im Buch eine spezifische Programmiersprache verwendet und widme ihr diesen Anhang? Durch meine Erfahrung mit zahlreichen Sprachen und mit der funktionalen Programmierung weiß ich, dass es zwar möglich ist, funktionale Konzepte in jeder Sprache auszudrücken, dass sich aber einige von Natur aus besser für die funktionale Programmierung eignen als andere.

Vorteil

Obwohl Sie funktionale Konzepte in praktisch jeder Sprache ausdrücken können, erleichtert eine Sprache, die speziell für funktionale Konstrukte entwickelt wurde, das Erlernen und Verstehen funktionaler Programmierung.

Aus diesem Grund möchte ich Beispiele in verschiedenen Sprachen präsentieren, um zu zeigen, wie funktionale Konzepte mit unterschiedlichen Werkzeugen und Techniken ausgedrückt werden können. Dennoch bin ich fest davon überzeugt, dass die wahre Schönheit und der Nutzen funktionaler Konzepte erst dann vollständig erkannt werden, wenn man sie in einer Sprache ausdrücken kann, die von Grund auf für diese Ideen entwickelt wurde.

Ich hätte Haskell wählen können, eine rein funktionale Sprache, die in vielerlei Hinsicht der Archetyp aller funktionalen Sprachen ist. Ich hielt es jedoch für das Beste, der praktischen Anwendung den Vorzug zu geben. Also entschied ich mich für die hybride Sprache Scala. Ihr Entwickler Martin Odersky wollte eine Sprache schaffen, die funktionalen und objektorientierten Code gleichermaßen gut erzeugen kann.

Merke

Scala ist eine hybride Sprache, die sowohl das objektorientierte als auch das funktionale Paradigma berücksichtigt.

Dieses Buch enthält auch Beispiele aus anderen Sprachen. Dennoch erläutere ich einige der »funktionalsten« Konzepte hauptsächlich anhand von Scala-Beispielen. Dies liegt daran, dass der Code, der benötigt wird, um diese Konzepte in anderen Sprachen auszudrücken, vom Hauptziel des Buchs – dem Erlernen funktionalen Denkens, ohne sich in Syntax zu verlieren – ablenken würde. Ich möchte betonen (und klarstellen, dass dies meine persönliche Meinung ist), dass eine sorgfältige Studie dieser Scala-Einführung einen weiteren Nutzen bietet, der möglicherweise nicht sofort ersichtlich ist: Sie lehrt, funktional zu denken. Die Konzepte sind gewissermaßen in die Sprache »eingebettet«.

Hinweis

Wenn Sie auf diese Einführung in Scala verzichten möchten, werden Sie dennoch vom Buch profitieren können.

A.1 Annahmen

Ich stelle ein paar Vermutungen über Ihre Programmierkenntnisse an: Sie sollten mit allgemeinen Konzepten vertraut sein, die man sich im Laufe der Programmierpraxis aneignet. Ich nehme an, dass Sie über Klassen in der objektorientierten Programmierung Bescheid wissen. Auch die Begriffe »Funktionen« und »Methoden« sollten Ihnen geläufig sein. Hier sei der Vollständigkeit halber angemerkt, dass ich Methoden als spezielle Form von Funktionen betrachte, die mit einer bestimmten Klasse verknüpft sind. Ansonsten sind die Begriffe gleichbedeutend. Ferner gehe ich davon aus, dass Sie mit Ausnahmen (*Exceptions*) vertraut sind, da diese in den meisten Programmiersprachen vorkommen. Abschließend nehme ich an, dass Ihnen grundlegende Konstrukte wie `for`-Schleifen, `while`-Schleifen, Fallunterscheidungen usw. geläufig sind.

A.2 Überblick

Zunächst möchte ich die Sprache Scala beschreiben.[1] Scala ist eine statisch typisierte Sprache, die sowohl die funktionale als auch die objektorientierte Programmierung unterstützt. Sie unterstützt reine Funktionen, Funktionen höherer Ordnung, Lazy Evalua-

1 Wer sich an dieser Stelle eine Arbeitsumgebung für Scala einrichtet, wünscht vielleicht eine Empfehlung: Visual Studio Code mit der Erweiterung »Scala (Metals)« ist konstenlos, einfach zu verwenden und für alle großen Betriebssysteme zu haben. *https://code.visualstudio.com/* und *https://scalameta.org/metals/docs/editors/vscode/* (Anmerkung des dt. Lektorats)

tion, Mustervergleich, Unveränderlichkeit, Currying und ein sehr expressives Typsystem. Lassen Sie mich einige dieser Begriffe erklären:

- **Statische Typisierung**
  Jedes Datenelement in Scala besitzt einen eigenen Datentyp, der beschreibt, um welche Art von Daten es sich handelt, zum Beispiel Zeichenketten, Ganzzahlen oder einen benutzerdefinierten Typ.
- **Funktionale Programmierung**
  Hierbei werden reine Funktionen und unveränderliche Daten unter Verwendung der Kategorientheorie verwendet.
- **Objektorientierte Programmierung**
  Ein Programmierstil, bei dem eine Domäne als eine Sammlung von Objekten modelliert wird, jeweils mit eigenen ausführbaren Methoden oder Operationen.
- **Reine Funktionen**
  Solche Funktionen nehmen eine Eingabe entgegen und liefern eine Ausgabe zurück, ohne Nebeneffekte zu erzeugen. Sie verändern keine externen Variablen, schreiben nicht in Dateien und lösen keine Ausnahmen aus. Bei gleicher Eingabe liefert eine reine Funktion stets dieselbe Ausgabe.
- **Funktionen höherer Ordnung**
  Funktionen, die andere Funktionen als Parameter entgegennehmen oder Funktionen zurückgeben.
- **Lazy Evaluation**
  Ausdrücke werden erst ausgewertet, wenn ihre Ergebnisse tatsächlich benötigt werden. Ist eine Funktion nicht lazy, werden die Parameter sofort ausgewertet, wenn die Funktion aufgerufen wird. Bei einer lazy Funktion hingegen erfolgt die Auswertung erst, wenn die Funktion wirklich benötigt wird.
- **Mustervergleich**
  Der Mustervergleich (auch: *Musterabgleich, Pattern Matching*) ist wie eine gedopte `switch`- oder `case`-Anweisung. Wir werden später noch genauer darauf eingehen.
- **Unveränderlichkeit**
  Unveränderliche Daten können nach ihrer Erstellung nicht mehr geändert werden. Wenn eine Variable unveränderlich ist, bleibt sie nach der Zuweisung konstant.
- **Typsystem**
  Dieser Begriff bezieht sich schlicht auf die Gesamtheit aller vorhandenen Datentypen innerhalb der Programmiersprache.

A.3 »var« und »val«

In Scala stehen zwei Möglichkeiten zur Verfügung, um Variablen zu deklarieren: das Schlüsselwort `var` und das Schlüsselwort `val`. `var` entspricht dabei der gewöhnlichen Variablen in anderen Programmiersprachen. Nach einmaliger Deklaration und Initialisierung einer `var`-Variablen kann ihr Wert zu beliebigen Zeitpunkten geändert werden. Ist `val` hingegen einmal gesetzt, kann sie nie mehr geändert werden. Hätte Martin Odersky, der Schöpfer von Scala, die Sprache als rein funktionale Programmiersprache konzipiert, gäbe es nur `val`. In der Scala-Praxis empfiehlt es sich, wann immer möglich `val` zu verwenden, und `var` nur dann, wenn es zwingend erforderlich ist. Ein solcher Bedarf an `var` könnte sich ergeben, wenn ein Algorithmus in einer performanzoptimierten Weise implementiert werden soll. Dies könnte bedeuten, dass man mit einer Schleife eine Sammlung durchläuft und ständig den Wert einer Variablen zurücksetzt. Im Allgemeinen wird in gutem Scala-Code `var` wann immer möglich vermieden.

```
val x = 3
x = x + 1 // Kompilierungsfehler!

var y = 3
y = y + 1 // Kompilierung erfolgreich
```

Listing A.1 »val« und »var« in Scala

A.4 Klassen und Objekte

In Java und allgemein in objektorientierten Programmiersprachen wird ein Objekt als Instanz einer Klasse betrachtet. Ein Beispiel verdeutlicht dies:

```
User user = new User();
```

Listing A.2 Objekt als Instanz einer Klasse (Java)

In diesem Kontext stellt `User` eine Klasse dar, während `user` eine Instanz dieser Klasse ist. Dies gilt auch in Scala, nur hat das Wort *Objekt* dort eine andere Bedeutung. In Scala ist `object` ein Schlüsselwort, das ein Singleton deklariert. Hier ein Beispiel:

```
object User {
    def getUserName = ???
}
```

Listing A.3 Das Schlüsselwort »object« in Scala

Dieser Code erzeugt im Hintergrund eine Klasse namens `User` und erzeugt eine Instanz dieser Klasse. Es ist jedoch stets nur eine einzige Instanz gestattet. Der Platzhalter `???` repräsentiert Code, der noch unvollständig ist, aber dennoch kompiliert werden kann. In diesem Sinne könnten wir Folgendes schreiben:

```
User.getUserName
```

Dies würde zur Auswertung des entsprechenden Benutzernamens führen.

A.5 Funktionen

Sehen wir uns einige einfache Scala-Funktionen an.

```
def square(n: Int): Int = n * n
```

Listing A.4 Definition einer Funktion

Beachten Sie, dass der Typ des Parameters mit einem Doppelpunkt und dann dem Typ strukturiert ist. Auch der Rückgabetyp folgt auf einen Doppelpunkt. In vielen Fällen kann der Scala-Compiler den Typ einer Variablen ableiten. In diesem Fall können Sie den Typ in Scala weglassen. Zum Beispiel:

```
def square(n: Int) = n * n
```

Listing A.5 Definition einer Funktion, ohne den Rückgabetyp explizit anzugeben

Der Compiler kann den Typ des Arguments `n` nicht automatisch feststellen; Argumenten muss stets ein Typ zugeordnet werden. Normalerweise ist es ratsam, Typen anzugeben, insbesondere in öffentlichen APIs, um den Benutzerinnen und Benutzern der API ein klareres Bild zu vermitteln.

Hier einige andere Möglichkeiten, die `square`-Funktion auszudrücken.

```
def square = (n: Int) => n * n
```

Listing A.6 Die gleiche Funktion, zunächst als anonyme Funktion ausgedrückt und dann »square« zugewiesen

Die rechte Seite ist eine anonyme Funktion.

Sie können auch `val` verwenden:

```
val square = (n: Int) => n * n
```

Listing A.7 Die gleiche Definition, aber mit »val«

Der Unterschied liegt darin, dass `val` bei der Definition ausgewertet wird, während `def` beim Aufruf ausgewertet wird.

A.5.1 Funktionen, die Funktionen zurückgeben

Nehmen wir an, wir möchten eine Funktion erstellen, die eine andere Funktion generiert, welche eine feste Zahl zu ihrem Argument addiert. In Scala lässt sich dies folgendermaßen umsetzen:

```
def addA(a: Int) = (n: Int) => n + a
```

Listing A.8 Eine Funktion, die eine Funktion zurückgibt

Um die Lesbarkeit zu verbessern, können wir den Rückgabetyp von `addA` hinzufügen.

```
def addA(a: Int): Int => Int = (n: Int) => n + a
```

Listing A.9 Mit explizitem Rückgabetyp »Funktion von Int nach Int«

A.6 Case-Klassen

Case-Klassen sind eine leistungsstarke und nützliche Konstruktion in Scala, die zusätzliche Strukturen und Möglichkeiten bietet. Eine Case-Klasse erfordert kein `new`-Schlüsselwort vor dem Namen und bringt einige nützliche Funktionen wie `equals`, `hashCode`, `toString` und `copy` mit, um nur einige zu nennen. Wir können eine Case-Klasse folgendermaßen definieren:

```
case class Document(id: Int, title: String: numOfPages: Int)
```

Listing A.10 Definition einer Case-Klasse

Anschließend können wir eine Instanz der Case-Klasse erstellen:

```
val doc = Document(1,"Earnings", 35)
```

Listing A.11 Instanz einer Case-Klasse

Wenn wir eine Kopie von `doc` erstellen und dabei die Anzahl der Seiten ändern möchten, können wir dies einfach mit der `copy`-Funktion tun:

```
val newDoc = doc.copy(numOfPages = 37)
```

Listing A.12 Die Funktion »copy« einer Case-Klasse

Ein wichtiger Aspekt von Case-Klassen ist, dass sie bei Gleichheitstests die Felder vergleichen und nicht die Referenzen.

```
val doc1 = Document(3, "My Vacation", 10)
val doc2 = Document(3, "My Vacation", 10)
```

Listing A.13 Zwei gleiche Instanzen einer Case-Klasse

Hier wird `doc1 == doc2` als wahr ausgewertet, obwohl es sich um zwei verschiedene Instanzen der Klasse `Document` handelt. Dies wird als *Wertgleichheit* bezeichnet.

Wenn eine Case-Klasse ein Objekt und keine Klasse ist, wird sie als Fallobjekt bezeichnet.

Case-Klassen werden wir später in Mustervergleichen auf eine besonders elegante Weise in Scala verwenden.

A.6.1 Funktionen deklarieren

Alle Argumente einer Funktion müssen mit einem Typ versehen werden. Wie kann der Typ einer Funktion deklariert werden? Sehen wir uns einige Beispiele an.

```
f: Int => Int
```

Listing A.14 Typ einer Funktion

Diese Funktion nimmt ein `Int` als Argument entgegen und gibt ein `Int` zurück – ganz ähnlich, wie mathematische Funktionen geschrieben werden. Hier ein weiteres Beispiel:

```
f: (User, Int) => Double
```

Die Funktion `f` erwartet ein Objekt vom Typ Tupel, bestehend aus `User` und einem `Int`, und gibt ein `Double` zurück.

A.6.2 Currying

In einem kompromisslos rein funktionalen Programm sind Funktionen mit einem Argument den Funktionen, die mehrere Argumente entgegennehmen, überlegen. Sie könnten immer eine Klasse erstellen, in der mehrere Argumente als Felder definiert sind, und dann eine Funktion schreiben, die ein Objekt dieser Klasse entgegennimmt und eine Variable zurückgibt. Das ist jedoch etwas umständlich. Scala bietet hierfür einen besseren Ansatz. *Currying* ist eine Möglichkeit, eine Funktion mit mehreren Argumenten in eine Funktion mit einem Argument umzuwandeln. Sehen wir uns an, wie das funktioniert: Beginnen wir mit einer Funktion, die zwei Integer entgegennimmt und ein Integer zurückgibt.

```
def f(a: Int, b: Int): Int = a + b
```

Listing A.15 Eine Funktion mit zwei Argumenten

Sehen wir uns an, wie sich diese Funktion durch Currying verändert. Wir schreiben jedes Argument mit einer eigenen Klammer, etwa so:

```
def f(a: Int)(b: Int) = a + b
```

Listing A.16 Currying

Wie ist diese Definition zu interpretieren? `f(a)` nimmt ein `Int` entgegen und gibt eine Funktion zurück, die ein `Int` entgegennimmt und ein `int` zurückgibt.

```
f(3)(4)
```

Die Funktion `f(3)` nimmt ein `Int` entgegen und addiert 3 hinzu.

A.6.3 Anonyme Funktionen

Schauen wir uns wieder eine Funktion an, die zwei `Ints` entgegennimmt und sie addiert. Grundsätzlich würden Sie dies in Scala so schreiben:

```
def sum(m: Int, n: Int): Int = m + n
```

Listing A.17 Definition einer Funktion mit zwei Argumenten

Jetzt wollen wir diese Funktion ohne explizite Namensgebung definieren:

```
(m: Int, n: Int) => m + n
```

Listing A.18 Die gleiche Funktion als anonyme Funktion

Dies können wir einer Variablen zuweisen:

```
val f = (m: Int, n: Int) => m + n
```

Listing A.19 Zuweisung der Funktion an »f«

A.6.4 Funktionen höherer Ordnung

Eine Funktion höherer Ordnung ist schlichtweg eine Funktion, die andere Funktionen als Argumente entgegennimmt oder eine Funktion zurückgibt. Wir sehen uns einige Beispiele an und beschäftigen uns dann damit, wie dieses Konzept die Abstraktionsebene unseres Codes erhöht:

```
def apply(f: Int => Int, a: Int) = f(a)
```

Listing A.20 Eine Funktion höherer Ordnung, die eine Funktion auf einen Wert anwendet.

Diese Funktion nimmt eine Funktion von `Int` nach `Int` sowie einen Wert vom Typ `Int` entgegen und wendet die Funktion auf den Wert an.

Wie wäre es mit einem etwas komplexeren Beispiel, das eine Funktion zurückgibt?

```
def f(a: Int): Int => Int = (n: Int) => n + a
```

Listing A.21 Eine Funktion, die eine Funktion zurückgibt

Diese Funktion erwartet ein `Int` namens `a` als Argument und gibt eine Funktion zurück, die ein `Int` entgegennimmt und `a` hinzuaddiert. Sie entspricht der Funktion `f(a)` aus Listing A.16, »Currying«.

Hier ein anderes Beispiel mit Currying:

```
def f(a: Int)(b: Int): Int = (m: Int) => a * b + m
```

Listing A.22 Currying mit einer Funktion als Rückgabe

Inwiefern verbessern Funktionen höherer Ordnung den Abstraktionsgrad? Der entscheidende Punkt ist, dass sie uns ermöglichen, eine Funktion zu übergeben, die einen bestimmten Teil der Funktionalität repräsentiert. Nehmen wir an, wir führen eine Berechnung durch, und unser Algorithmus hängt vom Wert einer Variablen `x` ab. Angenommen, es gibt drei Algorithmen `alg1`, `alg2` und `alg3` – drei Funktionen. Dann könnten Sie etwa so vorgehen:

```
if (x <10)
    f(alg1)
else if (x < 20)
    f(alg2)
```

```
else
    f(alg3)
```

Listing A.23 Auswahl eines Algorithmus in Abhängigkeit von »x«

Eine weitere Möglichkeit, wie Funktionen höherer Ordnung den Abstraktionsgrad verbessern können, ist eine Klasse, die eine Funktion als Parameter entgegennimmt:

```
class Method(s: Strategy)
```

Hier steht `Strategy` als Alias für eine Funktion. Scala ermöglicht Folgendes:

```
type Strategy = (n: Double) => Double
```

Listing A.24 Funktionstyp zur Definition einer Strategie

Mit diesem Ansatz können wir eine Klasse erstellen und darin Funktionalität als Strategie zur Problemlösung definieren. Grundsätzlich ermöglichen Funktionen höherer Ordnung die Übergabe von Funktionalität anstelle einfacher Datentypen wie `Int` oder `String`.

A.6.5 Mustervergleich

Ein Mustervergleich ist wie eine gedopte Switch-Anweisung. Sie können viel mehr abgleichen als nur `Ints` oder `Strings`. Sehen wir uns einige Beispiele an.

Zuerst reproduzieren wir einen einfachen Abgleich von Ganzzahlen – im Prinzip ähnlich der herkömmlichen `switch`-Anweisung:

```
def f(n: Int): Int = 3

f(2) match {
    case 1 => "no"
    case 2 => "no"
    case 3 => "yes"
    case _ println("value not found")
}
```

Listing A.25 »match«-Ausdruck mit Rückgabewert »yes«

Dieser Ausdruck würde die Zeichenkette `"yes"` ergeben. Ich möchte an dieser Stelle betonen, dass es sich bei dieser Mustervergleichskonstruktion um einen Ausdruck handelt, der einen Wert zurückgibt. Dieser kann auch in einer Variablen gespeichert werden, etwa so:

```
val x = f(2) match {
    case 1 => "no"
    case 2 => "no"
    case 3 => "yes"
    case _ println("no match")
}
```

Listing A.26 Der gleiche »match«-Ausdruck auf der rechten Seite einer Zuweisung

Der Wert x würde dann die Zeichenfolge "yes" enthalten. Der Fall _ tritt ein, wenn keiner der anderen Werte mit dem Ausdruck vor match übereinstimmt.

Sehen wir uns noch mehr Beispiele an:

```
import scala.util.Random

val x: Int = Random.nextInt(10)

x match {
  case 0 => "zero"
  case 1 => "one"
  case 2 => "two"
  case _ => "other"
}
```

Listing A.27 Noch ein Beispiel für einen Mustervergleich mit »match«

Wie bereits erwähnt, sind Case-Klassen in Mustervergleichen besonders nützlich:

```
case class User(firstName: String, age: Int)

val user = User("Katherine", 26)

user match {
    case User(_, 25) => "not a match"
    case User("Katherine", _) => "a match!"
    case User(_, 26) => "a match"
}
```

Listing A.28 »match«-Ausdruck mit Case-Klasse

Der »match«-Ausdruck kann in die Felder »hineinschauen« und diese mit den Mustern abgleichen.

```
case class Name(first: String, last: String)
case class User(name: Name, age: Int)

User(Name("John", "Smith"), 77) match {
    case User(Name(, "Smith"), ) => "A Smith!"
}
```

Sie können zusätzlich boolesche Ausdrücke nutzen, um `match` zu verfeinern.

```
case class Name(first: String, last: String)
case class User(name: Name, age: Int)

val user = User(Name("Katherine","Smith"), 26)

user match {
  case User(Name(, last), ) if (last(0).toString.toUpperCase=="S") =>
    println("a match!")
}
```

Listing A.29 »case« mit »if«

Es ist auch möglich, `match` auf den Typ anzuwenden:

```
abstract class Device
case class Phone(model: String) extends Device {
  def screenOff = "Turning screen off"
}
case class Computer(model: String) extends Device {
  def screenSaverOn = "Turning screen saver on..."
}

def goIdle(device: Device) = device match {
  case p: Phone => p.screenOff
  case c: Computer => c.screenSaverOn
}
```

Listing A.30 Muster

Wie Sie sehen, ist der Mustervergleich eine leistungsfähige Konstruktion.

A.6.6 Traits

Es ist verlockend zu sagen, dass Traits wie Java-Interfaces sind, aber mit der Möglichkeit, einige (oder alle) Methoden zu implementieren. (Java 8 erlaubt es, Standard- und statische Methoden in Interfaces direkt zu implementieren.) Dies wäre nicht völlig falsch, aber doch unvollständig. Traits haben noch sehr viel mehr zu bieten.

Beginnen wir mit dem einfachsten `trait`:

```
trait Printable
```

Nehmen wir an, wir erstellen eine Klasse `Document` und wollen deutlich machen, dass sie eine Methode `print` hat:

```
class Document extends Printable
```

Da `Printable` keine Methoden besitzt, *müssen* wir in `Document` auch keine Methode `print` hinzufügen. Diese Erläuterung ist jedoch nur ein Beispiel für den einfachsten Trait. Möchten wir *sicherstellen*, dass die Klasse `Document` eine `print`-Methode enthält, können wir folgendermaßen vorgehen:

```
trait Printable {
    def print: Unit
}

class Document extends Printable
```

Listing A.31 Trait mit einer Methode, die implementiert werden muss

In diesem Fall erzwingt der Compiler in `Document` eine `print`-Methode.

Eine Klasse kann beliebig viele Traits erweitern. Nehmen wir an, wir haben ein weiteres `trait` namens `Scannable`. Wie können wir angeben, dass `Document` beide Traits erweitert?

```
trait Printable {
    def print: Unit
}

trait Scannable {
    def scan: Unit
}

class Document extends Printable with Scannable
```

Listing A.32 Mehrere Traits erweitern

Wir können so viele `with`-Klauseln verwenden, wie wir wollen.

Hinweis: Traits können auch Methoden implementieren

Traits können in Scala sowohl implementierte als auch nicht implementierte Methoden enthalten.

A.6.7 Unterscheidung zwischen abstrakten Klassen und Traits

Sowohl Java als auch Scala bieten abstrakte Klassen. Abstrakte Klassen können sowohl implementierte als auch nicht implementierte Methoden enthalten, genau wie Traits. Weder abstrakte Klassen noch Traits können direkt instanziiert werden. Was sind also die Unterschiede?

Der vielleicht wichtigste Unterschied ist, dass eine Klasse in Scala nur von einer abstrakten Klasse (oder einer konkreten Klasse) abgeleitet werden kann. Scala unterstützt *keine* Mehrfachvererbung von Klassen. Es ist hingegen schon möglich, mehrere Traits zu erweitern.

Ein weiterer, recht bemerkenswerter Unterschied ist, dass Sie in Scala ein Trait auch zu einer *Instanz* einer Klasse hinzufügen können, was mit einer abstrakten Klasse nicht möglich ist. Mit einem Trait wird dies folgendermaßen umgesetzt:

```
trait Loggable
class Document

val d = new Document with Loggable
```

Listing A.33 Hinzufügen eines Traits zu einem Objekt

In diesem Fall ist nicht jede Instanz von `Document` `Loggable`, sondern nur diese eine (das trifft auch auf andere, auf ähnliche Weise erstellte Instanzen zu).

Ein weiterer Unterschied betrifft die Möglichkeit von Klassen, Parameter in ihrer Definition anzunehmen. Ein Beispiel:

```
class Person(name: String) {
    // andere Dinge
}
```

Listing A.34 Klasse mit Parameter (Konstruktor)

In diesem Beispiel fungiert class selbst als Konstruktor und besitzt einen Konstruktorparameter. Traits können dies nicht (da sie sowieso nicht direkt instanziiert werden können).

Abstrakte Klassen sind vollständig kompatibel mit Java-Code, solange sie keine Konstruktorparameter haben. Traits sind vollständig kompatibel mit Java-Code, wenn sie keine implementierten Methoden besitzen.

A.6.8 Lazy Evaluation

Ein Ausdruck in Scala wird *lazy* evaluiert, wenn er nicht sofort ausgewertet wird, sondern erst dann, wenn er benötigt wird. Angenommen, wir haben eine Funktion f, die eine zeitaufwendige Berechnung durchführt. Außerdem haben wir eine Funktion g, die f als Argument akzeptiert. Bei Ausdrücken, die nicht lazy sind, wertet Scala beim Aufruf einer Funktion als Erstes alle Argumente aus. Nun können defs anders als vals nicht lazy sein. Sehen Sie sich den folgenden Code an:

```
val h = longRunningComputation
g(h)
```

Listing A.35 »h« wird berechnet, sobald »g« aufgerufen wird.

Da h in diesem Fall nicht als lazy gekennzeichnet ist, wird h ausgewertet (was sehr viel Zeit in Anspruch nimmt), sobald g aufgerufen wird. Jetzt betrachten Sie diesen Code:

```
lazy val h = longRunningComputation
g(h)
```

Listing A.36 Das Schlüsselwort »lazy« bewirkt, dass die aufwändige Berechnung so spät wie möglich erfolgt.

Wenn g aufgerufen wird, wird h in *diesem* Fall erst aufgerufen, wenn es benötigt wird. lazy kann manchmal dazu beitragen, die Performance eines Programms zu verbessern. An anderer Stelle in diesem Buch haben wir weitere Vorteile der *Lazy Evaluation* kennengelernt.

A.6.9 Typkonstruktor

In Scala kann eine Liste von Strings folgendermaßen definiert werden:

```
val lst: List[String] = List("abc", "def")
```

Listing A.37 Eine Liste mit Zeichenketten

List selbst ist kein Typ. Es handelt sich um einen sogenannten *Typkonstruktor*. Mit diesem beschäftigen wir uns an anderer Stelle in diesem Buch. Der Typkonstruktor List wird zu einem Typ, wenn er mit einem anderen Typ kombiniert wird. Hier einige Beispiele für Typen:

```
List[Int], List[String], List[User]
```

A.6.10 Der Option-Typ

Bei der Programmierung in Scala gilt der Grundsatz, dass die Verwendung von null vermieden werden sollte. Was verwenden wir also stattdessen? Der Option-Typ verfügt über zwei Untertypen, Some und None. Some umhüllt einen Wert, während None ein eigenständiger Typ ist. Sehen wir uns dazu ein Beispiel an. Ein typisches Szenario, in dem in anderen Programmiersprachen null verwendet wird, betrifft eine Funktion, die einen String als Benutzernamen entgegennimmt und ein Benutzerobjekt zurückgibt, sofern ein solcher Benutzer existiert. In Java könnte zum Beispiel null zurückgegeben werden, wenn der Benutzername nicht gefunden wird. In Scala hingegen wird dies folgendermaßen gehandhabt:

```
def getUser(userName: String): Option[User] = ???
```

Wird kein Benutzer gefunden, kann die Funktion None zurückgeben. Wird ein Benutzer gefunden, gibt sie Some(user) zurück, wobei user die Instanz des User-Objekts ist, das mit userName verbunden ist.

Optionen passen gut zum Mustervergleich. Hier ein Beispiel:

```
val userName = "victoria2002"
getUser(userName) match {
    case Some(user) => // Aktionen mit user durchführen
    case None => // Nachricht für user anzeigen
}
```

Listing A.38 Ein Option-Typ in Aktion

A.6.11 Future

Ein weiterer Typkonstruktor ist das Future F. Ähnlich wie List und Option ist ein Future F kein eigentlicher Typ, sondern ein Typkonstruktor. Wenn wir ihm einen Typparameter T übergeben, erhalten wir den Typ F[T]. Aber was ist ein Future? Während eine gewöhnliche Variable *sofort* einen Wert enthält, beinhaltet ein Future erst zu einem bestimmten

Zeitpunkt in der Zukunft einen Wert. Dies erweist sich als besonders nützlich, wenn Sie den Wert einer aufwendigen und zeitraubenden Berechnung festlegen möchten. Zum Beispiel sei f eine Funktion, die auf der Menge der Ganzzahlen, genannt $\mathbb{Z}$, definiert ist und normalerweise eine Minute für ihre Ausführung benötigt. Setzen wir eine gewöhnliche Variable auf den Wert dieser Funktion:

```
val x = f(5)
```

Listing A.39 »x« bekommt das Ergebnis einer aufwändigen Berechnung zugewiesen – der Thread wird blockiert.

Nun würde der Thread, der diesen Code ausführt, für eine Minute blockiert. Dies könnte bedeuten, dass die Benutzeroberfläche für diese Zeitdauer einfriert, was für ein Programm verheerend sein könnte. Hier kommt nun das Future ins Spiel:

```
val fut: Future[Int] = f(5)
```

Listing A.40 Initialisierung eines Futures – der Thread wird nicht blockiert

Das Programm geht unmittelbar zur nächsten Codezeile über, obwohl `fut` zu diesem Zeitpunkt den Wert von `f(5)` noch nicht enthält. Die nächste logische Frage lautet: »Wie erfahren wir, wann der Wert vollständig ist, und wie können wir dann auf den Wert zugreifen?« Gute Frage. Die Klasse `Future` stellt die Methode `onComplete` zur Verfügung. Wir können etwa folgendermaßen vorgehen:

```
val fut: Future[Int] = f(5)
fut onComplete {
    case Success(n) => println(s"The answer is $n")
    case Failure(ex) => println(ex.getMessage)
}
```

Listing A.41 Abfrage des Status

Zusätzlich zu `onComplete` stehen uns verschiedene Funktionen höherer Ordnung zur Verfügung, die mit Futures genutzt werden können. Zum Beispiel:

```
val s: Future[String] = getName(id)
```

Dabei repräsentiert `getName` eine Funktion, die einen Namen mithilfe einer langdauernden Berechnung ermittelt. Wir könnten dann wie folgt vorgehen:

```
s.map( s => s.toUpperCase)
```

Wenn das Future abgeschlossen ist, wird dieser Ausdruck etwa zu folgendem Ergebnis führen:

```
Future("JOSEPH")
```

Um die `Future`-Klasse zu nutzen, benötigen wir zwei `import`-Anweisungen. Zuerst:

```
import scala.concurrent.Future
```

Und anschließend:

```
import ExecutionContext.Implicits.global
```

Der zweite Import bringt einen sogenannten `ExecutionContext` mit sich. Wir werden uns nicht näher damit beschäftigen, aber Sie können dies grob gesagt als Thread-Pool verstehen – eine Umgebung, in der Berechnungen asynchron ausgeführt werden können. Futures erfreuen sich in der Scala-Programmierung großer Beliebtheit, da sie asynchrone Verarbeitung ermöglichen. In der rein funktionalen Programmierung werden sie mitunter kritisch betrachtet, da sie das Prinzip der referenziellen Transparenz verletzen, mit dem wir uns in Kapitel 1, »Was ist funktionale Programmierung?«, beschäftigt haben. Ein möglicher, rein funktionaler Ersatz für Futures wäre die `IO`-Monade, die in Kapitel 7, »Wie geht es weiter?«, näher erläutert wird.

A.6.12 Funktionen höherer Ordnung

Die wichtigsten Funktionen höherer Ordnung, die Sie kennen sollten, sind `map`, `flatten` und `flatMap`.

map

Die `map`-Funktion nimmt eine Sammlung von Objekten und eine auf diesen Objekten definierte Funktion `f` entgegen. Sie gibt eine neue Sammlung zurück, bei der das n-te Objekt in der Sammlung durch `f` transformiert wird. Hier einige Beispiele:

```
def square(n: Int): Int = n * n
List(1,2,3,4,5).map(square)
```

Listing A.42 Jedes Element einer Liste quadrieren

Das Ergebnis ist diese Sammlung:

```
List(1,4,9,16,25)
```

Eine weitere Funktion könnte eine Liste von Zahlen quadrieren und die Quadrate addieren. Beachten Sie, wie prägnant der Ausdruck ist:

```
def squareAndSum(lst: List[Int]): Int = lst.map(square).sum
```

Listing A.43 Eine Quadratsumme bilden

Was jedoch, wenn wir keine Liste von einfachen Typen haben, sondern zum Beispiel Optionen?

```
def getUser(userName: String): Option[User] = ???
val names: List[String] = List("username1", "username2", "username3")
names.map(getUser)
```

Listing A.44 »map« für eine Liste mit Elementen eines Option-Typs

Das Ergebnis:

```
List(None, Some(user1), Some(user2))
```

flatten

In Scala gibt es die nützliche Methode *flatten*. Betrachten Sie diesen Code:

```
names.map(getUser).flatten
```

Listing A.45 »None«- und »Some«-Elemente auswerten mit »flatten«

Das ergibt:

```
List(user1, user2)
```

Das Tolle an `flatten` ist, dass es die `Some`-Instanzen verflacht und die `None`-Werte verwirft.

flatMap

Wenn Sie eine Sammlung mappen und dann verflachen, können Sie auch die Methode `flatMap` verwenden.

Nochmals das Beispiel mit `flatten`, ausgedrückt mit `flatMap`:

```
names.map(getUser).flatten // Dies ergibt List(user1,user2)
names.flatMap(getUser) // Dies ergibt ebenfalls List(user1,user2)
```

Listing A.46 »flatMap« kombiniert »map« und »flatten«.

`flatMap` spielt in der funktionalen Programmierung eine wichtige Rolle.

A.6.13 Noch mehr wichtige Funktionen höherer Ordnung

foldLeft

Die Methode `foldLeft` für Sammlungen erwartet ein Startelement sowie eine binäre Operation, die auf Paaren von Elementen aus der Sammlung definiert ist. Sie ermöglicht die Anwendung einer Operation zur Kombination von zwei Elementen auf alle Elemente der Sammlung.

Hierzu einige Beispiele.

```
List(1,2,3,4,5).foldLeft(0)((n: Int, m: Int) => n + m) // Ergibt 15
```

Listing A.47 »foldLeft«: sukzessive Anwendung einer Operation auf eine Liste

Dies kann übrigens auch folgendermaßen ausgedrückt werden:

```
List(1,2,3,4,5).foldLeft(0)(_ + _)
```

Listing A.48 Alternative Syntax für »foldLeft«

Hier wird die Kurzform `_ + _` für die anonyme Funktion verwendet.

```
List("abc", "def", "ghi").foldLeft("")(_ + _) // Ergibt "abcdefghi"
```

Listing A.49 Das gleiche für Strings

Zurück zu diesem Beispiel:

```
List(1,2,3,4,5).foldLeft(0)(_ + _)
```

Wir können `+` durch eine Funktion `f` ersetzen, die zwei Ganzzahlen entgegennimmt und sie kombiniert. Zum Beispiel:

```
def f(n: Int,m: Int): Int = 2 * m + n
List(1,2,3,4,5).foldLeft(1)(f) // Ergibt 89
```

Listing A.50 Zwei mal 1 plus 1 macht drei, verdoppelt plus 2 macht acht ...

`foldLeft` beginnt auf der linken Seite der Sammlung. Es gibt auch `foldRight`. Ist die Sammlung kommutativ, sind beide gleich.

filter

`filter` ist eine Funktion höherer Ordnung für Sammlungen, die ein Prädikat erwartet (d. h. eine Funktion, die einen booleschen Wert zurückgibt). Sie filtert alle Elemente aus der Sammlung heraus, die das Prädikat nicht erfüllen. Hier einige Beispiele:

```
def isEven(n: Int): Boolean = (n % 2 == 0)
List(1,2,3,4,5).filter(isEven) // Ergibt List(2,4)
```

Listing A.51 Nur gerade Zahlen herausfiltern

```
def startsWithA(s: String): Boolean = (s.length > 0 && s(0)toUpperCase == 'A')
List("abc", "def", "ghi", "axy").
    filter(startsWithA) // Ergibt List("abc", "axy")
```

Listing A.52 Nur Zeichenketten, die mit »A« oder »a« beginnen, herausfiltern

A.7 Fazit

Scala eignet sich hervorragend, um die funktionale Programmierung zu erlernen. Die Sprache erlaubt sowohl die Nutzung der meisten funktionalen Konstrukte, die wir uns wünschen, als auch die Verwendung von objektorientiertem Code in Ihren Programmen. Ihre Syntax ist sehr prägnant und klar, sodass gut geschriebener Scala-Code leicht lesbar ist. Dies sind persönliche Eindrücke, sie basieren aber auf meiner Erfahrung mit funktionaler Programmierung und verschiedenen Programmiersprachen.

Anhang B
Python-Special

von Torsten T. Will

Einige Beispiele dieses Buchs hat der Autor in Python verfasst, sein Hauptaugenmerk liegt jedoch auf der Sprache Scala. Das ist auch passend, um funktionale Programmierung optimal zu demonstrieren. Im täglichen Leben ist Python jedoch eine sehr beliebte Sprache, die auch sehr gut für funktionale Programmierung geeignet ist. Daher sind einige der Konzepte, für die zur Anschauung Scala-Code verwendet wurde, hier noch einmal mit den Augen eines Python-Programmierers dargestellt.

Im Gegensatz zu Scala ist Python eine interpretierte Sprache und im Kern *dynamisch getypt*. Typinformationen kann man an verschiedenen Stellen im Code hinzufügen. Um auch in Python Funktionen als Morphismen aufzufassen (vgl. Abschnitt 3.1.2, »Objekte und Morphismen«), sollten Sie die Typen der Parameter und des Rückgabewerts angeben. Praktisch werden die Typen in Python nicht überprüft. Sie helfen aber der IDE und Tools wie *mypy* dabei, Fehler zu finden.

Eine Typannotation für einen Parameter ist einfach, zum Beispiel `x: int` Auch eine Funktionsdeklaration ist überschaubar, wie zum Beispiel `def func(x: int, y: str) -> tuple(int, str)`. Für den Typ einer Funktion, die als Parameter übergeben wird oder Rückgabe ist, verwenden Sie `collections.abc.Callable`:

```
def func() -> Callable[[int], str]:
  return lambda num: f"Zahl: {num}"
```

`func` liefert eine Funktion zurück, die einen einzelnen `int` als Parameter bekommt und einen `str` zurückliefert.

Als eigentlich prozedurale Sprache ist Python nicht per se funktional, hat aber funktionale Elemente. Schon von Beginn an enthält Python zum Beispiel *list comprehensions* wie `[ x for x in range(10) ]`, die stark an Haskell erinnern.

So ist es zum Beispiel sowohl »pythonisch« (von der Community empfohlen) als auch funktional, das Listing 1.8 so zu schreiben:

```
def square(nums):
    rcturn [ x*x for x in nums ]
```

Listing B.1 Python List Comprehension

Um *pure functions* und *immutable data* müssen Sie sich in Python als Programmiererin bzw. Programmierer selber kümmern. Trotzdem können Sie mit den richtigen Datentypen und der richtigen Programmierweise auch in Python funktionale Programme schreiben.

An vielen Stellen in diesem Buch werden in den Python-Beispielen zum Beispiel Listen verwendet. In Python sind Listen jedoch *mutable*. Sie sollten in Ihren funktionalen Programmen stattdessen *tuples* verwenden, die *immutable* sind, siehe auch Abschnitt 1.1, »Unveränderlichkeit«.

Lazy evaluation ist in Python nicht Teil der Sprache, doch ist es leicht, mit *generators* und *iterators* eine ähnliche Funktionalität zu erreichen.

Ein *pattern matching*, das es mit Scala aufnehmen kann, ist in Python erst in Version 3.10 eingeführt und folgt etwas anderen Konzepten (*structural pattern matching* via `match`). Wir gehen gleich in Abschnitt B.3.5 darauf ein – Python hält hier einige positive Überraschungen bereit.

B.1 Interne und externe Bibliotheken

Viele – wenn nicht gar die meisten – der Scala-Beispiele dieses Buchs könnten Sie mit den in Python direkt verfügbaren Bibliotheken umsetzen. Module, die Sie dabei unterstützen, sind vor allem

- `functools` für Funktionen höherer Ordnung wie `reduce` und `partial`,
- `itertools` für Iteratoren und Generatoren wie `chain`, `count` und `takewhile`,
- `typing` für Typen und Typannotationen,
- `operator` für Operatoren wie `add` und `mul`,
- `collections` für Container wie `namedtuple`,
- `dataclasses` mit `dataclass`.

`map()` steht Ihnen direkt zur Verfügung.

Noch mehr Unterstützung für funktionale Programmierung finden Sie in vielen externen Bibliotheken, von denen ich hier nur einige nennen kann:

- returns für Typen von Rückgabewerten wie Maybe, Result und IO sowie pipeline
- pyxtensions.streams oder streamerate für stream und einige andere funktionale Hilfsmittel
- pykka für Aktoren
- reactivex für stream- bzw. pipelineähnliche Verarbeitung nach reaktivem Modell
- attr oder pydantic für unveränderliche Datenklassen und viele andere nützliche Dinge

In diesem Anhang werde ich gelegentlich diese Bibliotheken erwähnen. Wollen Sie sie ausprobieren, installieren Sie sie mit pip install <name>.

B.2 Typsicherheit

Mit das wichtigste Konzept der funktionalen Programmierung ist neben der Unveränderlichkeit die Typsicherheit. Von Natur aus ist Python nicht typsicher. Der Einsatz von Typannotationen und Typ-Checkern wie mypy kann diese Aufgabe aber (teilweise) übernehmen.

Nicht alle Bibliotheken sind ausreichend für mypy vorbereitet. Das erfordert manchmal etwas Nacharbeit. Wie Sie damit umgehen können, finden Sie in der mypy-Dokumentation. Hauptsächlich sagen Sie mypy entweder, dass es bestimmte Module ignorieren soll. Dazu gibt es die ignore_errors- und ignore_missing_imports-Direktiven in der mypy-Konfiguration. Oder Sie legen zusätzlich zu einem Modul ein *Stub File* an, dass die Typinformation des eigentlichen Moduls enthält (*.pyi). Die Bibliothek returns enthält diese schon für mypy.

Installieren Sie mypy via pip install mypy (eventuell mit sudo oder Ihrem bevorzugten Paketmanager). Dann empfehle ich Ihnen, eine Datei mypy.ini anzulegen, um am Anfang etwas weniger Fehler zu sehen:

```
[mypy]
ignore_missing_imports = True
```

Sollten Sie im Laufe der Zeit auf eine Beschwerde von mypy stoßen, die Sie nicht lösen können, seien Sie versichert, dass die Entwicklerinnen und Entwickler hart an der Verbesserung von mypy arbeiten. Die problematische Zeile können Sie dann mit dem Kommentar # type: ignore ignorieren. Überhaupt: In einem bestehenden Projekt sollten Sie mit kleinen Bereichen anfangen, um sie mit mypy-korrekten Typannotationen zu versehen.

Rufen Sie dann mypy meine-datei.py auf, und sehen Sie sich die Fehlermeldungen an. Sie können auch mypy --strict meine-datei.py verwenden, um noch mehr Meldungen zu erhalten.

Hier ist das Programm prime-counts.py, das die Häufigkeit von Primzahlen in festgelegten Blockgrößen mithilfe des *Siebs von Eratosthenes* berechnet:

```
from typing import List, Dict

def sieve_of_eratosthenes(limit: int) -> List[bool]:
  """Implementiert das Sieb des Eratosthenes zur Generierung von Primzahlen.
  >>> sieve_of_eratosthenes(10)
  [False, False, True, True, False, True, False, True, False, False, False]
  """
  sieve: List[bool] = [True] * (limit+1)
  sieve[0:2] = [False, False]  # 0 und 1 sind keine Primzahlen
  current: int
  for current in range(2, int(limit**0.5) + 1):
    if sieve[current]:
      sieve[current*2::current] = [False]*len(sieve[current*2::current])
  return sieve

def prime_frequency(n: int, m: int) -> Dict[int,int]:
  """Berechnet die Häufigkeit von Primzahlen innerhalb Blöcken der Größe m.
  >>> prime_frequency(100, 10)
  {0: 4, 10: 4, 20: 2, 30: 2, 40: 3, 50: 2, 60: 2, 70: 3, 80: 2, 90: 1}
  """
  sieve: List[int] = sieve_of_eratosthenes(n)
  blocks: Dict[int,List[int]] = { i: sieve[i:i+m] for i in range(0, n, m) }
  counts: Dict[int,int] = {
    i: len([ is_prime for is_prime in block if is_prime ])
    for i, block in blocks.items()
  }
  return counts

if __name__ == "__main__":
  print(prime_frequency(1_000, 100))
```

Listing B.2 Typinformation für »mypy« in einem Python-Programm

Lassen Sie es mit python prime-counts.py laufen, gibt es aus:

```
{0: 25, 100: 21, 200: 16, 300: 16, 400: 17, 500: 14, 600: 16, 700: 14, 800: 15,
900: 14}
```

Es findet also 25 Primzahlen zwischen 0 und 99, 21 zwischen 100 und 199 usw. Nach Python-Maßstäben ist es ein funktionierendes Programm. Zur Sicherheit habe ich es mit Typannotationen versehen und mit `mypy` überprüft:

```
mypy prime-counts.py
prime-counts.py:22: error: Incompatible types in assignment (expression has type
"list[bool]", variable has type "list[int]")  [assignment]
```

Und tatsächlich bekomme ich einen Fehler angezeigt: In den Zuweisungen zu `sieve` und `blocks` habe ich versehentlich `List[int]` statt `List[boo]` geschrieben. Das Programm läuft zwar, aber es ist nicht korrekt getypt. Solche Fehler können in größeren Projekten zu schwer lokalisierbaren Problemen führen.

In der funktionalen Programmierung ist die Typkorrektheit ein wichtiger Baustein. Also können Sie sich mit `mypy` auf die Suche nach Fehlern machen.

Aber keine Angst – Sie brauchen nicht *alles* zu annotieren, wie ich es im Beispiel getan habe. `mypy` ist ganz gut darin, Typen zu inferieren. Sie können also mit kleinen Schritten anfangen und sich dann langsam vorarbeiten.

B.3 Sprachelemente

Damit Sie schneller eine Idee davon bekommen, welche Sprachelemente von Scala in Python wie abgebildet werden, gebe ich hier ein paar kurze Zusammenfassungen.

B.3.1 Variablen

In Python sind alle Variablen *variabel*. Einen Unterschied wie `val` und `var` in Scala gibt es nicht.

B.3.2 Funktionen

Funktionen werden mit `def` definiert oder als Lambda erstellt. Die Ergebnisse unterscheiden sich nicht. Nur kann ein Lambda eben nur aus einem Ausdruck bestehen, eine Funktion aber aus mehreren Anweisungen.

```
def square_func(n):
    return n*n
square_lambda = lambda n: n*n
```

Eine Funktion, die eine Funktion zurückgibt, ist in Python nichts Besonderes. Will man den Typ einer solchen Funktion angeben, sieht das aus wie für `add_b` gezeigt.

```
def add_a(a):
    return lambda n: n + a
from typing import Callable
def add_b(b: int) -> Callable[[int], int]:
    return lambda n: n + b
```

Eine besondere Form für *Currying* finden sie in Python nicht, aber Sie können es mit `functools.partial` oder einfach `lambda` nachbilden.

```
def f(a, b):
    return a + b
from functools import partial
f3 = partial(f, 3)

def g(a, b):
    return a + b
g3 = lambda b: g(3, b)
HAIN
zahlen = (1, 2, 3, 4, 5, 6, 7, 8, 9, 10)
ergebnis = tuple(map(lambda n: n * 2, filter(lambda n: n % 2 == 0, zahlen)))
```

B.3.3 Aufrufverkettung

Einer der größten Unterschiede beim Übertragen der Scala-Beispiele ist, dass in Scala Funktionen verkettet werden können, in Python aber nicht. Sie müssen also die Funktionen einzeln aufrufen.

In Scala verketten Sie Funktionen auf einer `List` so:

```
val zahlen = List(1, 2, 3, 4, 5, 6, 7, 8, 9, 10)
val ergebnis = zahlen
    .filter(n => n % 2 == 0)
    .map(n => n * 2)
```

In Python müssen Sie die Funktionen verschachteln, da Listen (und andere Container) diese nicht als Methoden anbieten.

```
zahlen = (1, 2, 3, 4, 5, 6, 7, 8, 9, 10)
ergebnis = tuple(map(lambda n: n * 2, filter(lambda n: n % 2 == 0, zahlen)))
```

Wollen Sie näher an Scala bleiben, nehmen Sie `stream` aus `pyxtension` oder `streamerate`.

```
from pyxtension.streams import stream
zahlen = (1, 2, 3, 4, 5, 6, 7, 8, 9, 10)
ergebnis = (stream(zahlen)
    .filter(lambda n: n % 2 == 0)
    .map(lambda n: n * 2)
    .toList())
```

Die Namen sind an Scala angelehnt, deshalb heißen sie etwas ungewöhnlich, zum Beispiel `toList()` anstatt `to_list()`. Beachten Sie auch, dass es `toTuple()` leider nicht gibt.

Die äußere Klammer ist nur notwendig, wenn Sie Zeilenumbrüche in der Aufrufkette verwenden wollen. Sie können stattdessen auch den Backslash \ am Zeilenende schreiben.

Ob Sie `pyxtension` verwenden wollen, müssen Sie selbst entscheiden. Ich verzichte in meinen Beispielen meist darauf. Sollten Sie es tun, erhalten Sie noch viele weitere Scala-ähnliche Methoden wie `flatMap()` und `reduce()` auf den `stream`-Objekten, die sie sonst wie weiter unten beschrieben nachbilden müssten.

Wenn Sie das Modul `returns` installieren, erhalten Sie `flow()`, um eine funktionale Programmierung zu unterstützen. Es basiert nicht auf Streams, sondern Sie geben eine Liste von Funktionen an. Der Ansatz ist ein anderer, aber das Ergebnis ist ähnlich und definitiv funktional.

```
from returns.pipeline import flow
zahlen = (1, 2, 3, 4, 5, 6, 7, 8, 9, 10)
ergebnis = flow(
    zahlen,
    lambda xs: filter(lambda n: n % 2 == 0, xs),
    lambda xs: map(lambda n: n * 2, xs),
    tuple)
```

Sie erhalten noch weitere nützliche Werkzeuge, um Ihren funktionalen Programmierstil zu unterstützen, wie zum Beispiel `pipe()` und `compose()` und den Datentyp `Maybe` (siehe unten).

Sollten Sie reaktiv programmieren wollen, können Sie sich das externe Modul reactivex ansehen, das ich weiter unten im Zusammenhang mit Scala-Streams noch erwähne.

B.3.4 Datenklassen

Die *case classes* von Scala gibt es so in Python nicht. Da damit die Unveränderlichkeit im Fokus steht, wären die verschiedenen *Datenklassen* die naheliegendste Entsprechung. Es gibt viele Möglichkeiten, solche zu definieren. Die direkt verfügbare und gleichzeitig flexibelste ist die Benutzung des dataclass-Decorators.

```
from dataclasses import dataclass

@dataclass(slots=True)
class T:
    n : int
    f: float
    s: str

x = T(42, 4.5, "hello")
x = T(24, f=4.5, s="hello")
y = x.n
x.n = 0
square_lambda = lambda n: n*n
```

Mit slots=True erhalten sie etwas mehr Performance, benötigen aber Python 3.10 oder höher.

Für noch mehr Flexibilität können sie sich das attrs-Package ansehen. Es ist zwar nicht Teil der Standardbibliothek, aber sehr beliebt.

Manchmal ist weniger mehr, und Ihnen steht auch die Klasse NamedTuple aus dem eingebauten Modul typing zur Verfügung. Sie erhalten dann (unveränderliche) Tupel mit Feldern, auf die Sie mit Namen statt mit Index zugreifen können. Es basiert auf collections.namedtuple, kann aber noch etwas mehr. Der Einfachheit halber verwende ich in diesem Anhang meistens namedtuple. Auch typing.SimpleNamespace kann einen Blick wert sein.

Wollen Sie das Ganze mit Objektorientierung verbinden, empfehle ich einen Blick in die Bibliothek pydantic. Mit BaseModel und anderen haben Sie dann alles, was sie brauchen (und mehr).

B.3.5 Typkonstruktoren und Pattern Matching

Was in Scala Typkonstruktoren sind, definieren Sie in Python einfach mit einer kleinen Klassenhierarchie. Dieses (viel zu simple) Beispiel soll das illustrieren. Tatsächlich gehen auch Bibliotheken wie `returns` nach diesem Muster vor:

```
class Maybe:
    pass
class Nothing(Maybe):
    pass
class Just(Maybe):
    def __init__(self, value):
        self.value = value
```

Hier werden `Nothing` und `Just` zu Typkonstruktoren von `Maybe`-Instanzen. Sie verwenden sie so:

```
def maybe_map(f, m):
    match m:
        case Nothing():
            return Nothing()
        case Just(x):
            return Just(f(x))
add1 = lambda x: x+1
a = maybe_map1(add1, Nothing())
b = maybe_map1(add1, Just(41))
```

Für den `match`-Teil benötigen Sie Python mindestens in Version 3.10, ansonsten müssen Sie auf `if-elif-else`-Kaskaden mit `isinstance()` ausweichen.

B.3.6 Einige nützliche Funktionen höherer Ordnung

Die Funktion `map` steht Ihnen direkt zur Verfügung.

```
square = lambda n: n*n
map(square, range(5))
```

Beachten Sie, dass `map()` und `range()` nicht direkt Tupel zurückgeben, sondern *Generatoren*, und somit *lazy* sind. Wenn Sie das ganze Objekt auswerten wollen, können Sie es mit `tuple()` in ein Tupel umwandeln oder es in einer Schleife verwenden.

Anders als in Scala können Tupel (und Listen) in Python Elemente mit unterschiedlichen Typen verwenden. Das ist natürlich kein Problem, aber wenn Sie Ihre Python-Programme nach Scala transformieren, müssen Sie das im Hinterkopf behalten.

Die Funktion `flatten` aus Scala ersetzen Sie durch `filter()` (oder seltener durch `itertools.filterfalse()`). Im Beispiel wird `ys` mittels einer etwas pythonischeren Variante erzeugt.

```
USERS = ( "Anton", "Berta", "Caesar" )
get_user = lambda idx: USERS[idx] if idx<len(USERS) else None
is_not_none = lambda x: x is not None
numbers = (0, 2, 3, 1, 9)

xs = filter(is_not_none, map(get_user, numbers))
ys = ( u
       for u in ( get_user(i) for i in numbers )
       if is_not_none(u) )

flat_map = lambda f, xs: ( y for y in ( f(x) for x in xs) if y is not None )
zs = flat_map(get_user, numbers)
```

Das Scala-`flatMap` müssen Sie in Python selber schreiben. Das ist aber nicht schwer. Die Verwandtschaft der Erzeugung von `ys` und der Definition von `flat_map` aus dem Beispiel ist deutlich zu sehen.

Auch das wichtige `foldLeft` müssen Sie selber schreiben. Hier hilft `functools.reduce()`.

```
from functools import reduce
NUMS = ( 1, 2, 3, 4, 5 )
foldl = lambda f, acc, xs: reduce(f, xs, acc)
minus_15 = foldl(lambda a, b: a-b, 0, NUMS)
ell_123 = foldl(lambda a, b: a+b, 'L', '123')
```

B.4 Codebeispiele zu Kapitel 1, »Was ist funktionale Programmierung?«

B.4.1 Immutable Datentypen

Alle funktionalen Programmiersprachen nutzen unveränderliche Werte als ein fundamentales Konzept. In Bezug auf Typen bedeutet das, dass Sie *immutable Datentypen* benötigen. Das ist in Python auch möglich, sie müssen aber selbst aktiv werden.

Wenn Sie ernsthaft unveränderliche Datentypen in Python haben wollen, empfehle ich, dass Sie das Listing 1.4 mit dem Konstruktor für die Klasse Person etwas verändern. Wenn Sie das Attribut self.name nennen, dann laden Sie den Benutzer zur Veränderung ein, denn es ist in Python Konvention, dass Attribute mit einem führenden Unterstrich beginnen, wenn Sie nicht von außen darauf zugreifen sollen.

Auch ist changedPerson = Person("John", 23) nicht wirklich die veränderte person wie in dem Scala-Beispiel person.copy(age=26), es ist eine ganz neue Person.

Nehmen Sie in Python dafür zum Beispiel dataclasses:

```
from dataclasses import dataclass, replace
@dataclass(frozen=True)
class Person:
    name: str
    age: int
person = Person('John', 22)
changed_person = replace(person, age=23)
```

Um Person immutabel zu machen, müssen Sie nur frozen=True hinzufügen. Etwas einfacher geht es mit namedtuple, denn Tupel sind ja von Haus aus immutabel.

```
from collections import namedtuple
Person = namedtuple('Person', ['name', 'age'])
person = Person('John', 22)
changed_person = person._replace(age=23)
```

Insgesamt sind dataclasses die etwas sauberere Lösung. Schließlich sind es echte Klassen, und es werden nicht Strings in Attribute umgewandelt.

B.5 Codebeispiele zu Kapitel 3, »Kategorientheorie und Entwurfsmuster«

Auf den ersten Blick scheint das null-Problem mit Java in Python mit None ebenso zu existieren. Und aus pur funktionalem Blickwinkel ist das auch so. Doch sind in Python einige Syntaxelemente vorhanden, die das Problem etwas entschärfen.

Die Typflexibilität in Python erlaubt es Ihnen, zum Beispiel durchaus mal None zurückgeben, wo eigentlich str erwartet wird. Der Aufrufer muss dann natürlich None getrennt behandeln – ebenso wie Sie in Scala für Maybe-Werte eine Unterscheidung für Some und None implementieren müssen.

Das ist dann nicht rein funktional, aber in kleinen Bereichen kompakt und daher übersichtlich.

Wollen Sie Ihre Funktion, die *meistens* `str` zurückgibt, aber auch mal `None`, passend mit Typinformation versehen, dann schreiben Sie `str | None` oder `typing.Optional[str]`:

```
def meistens_str(n: int) -> str | None:
    return f"gerade:{n}" if n % 2 == 0 else None

from typing import Optional
def meistens_str(n: int) -> Optional[str]:
    return f"gerade:{n}" if n % 2 == 0 else None

zahlen = (1,2,3,4,5,6)
ergebnis = filter(
    lambda x: x is not None,   # Sonderbehandlung für None
    map(meistens_str, zahlen)
)
```

Listing B.3 Sonderbehandlung für »None«

In Python ist `Optional` kein eigener Typ wie in Scala oder Java, sondern ein Alias für `Union[..., None]` bzw. `... | None`, um Typannotationen zu vereinfachen (zum Beispiel für `mypy`).

Ein echter Typ, der näher an Scala `Option` ist, ist `Maybe` aus dem Modul `returns`:

```
from returns.maybe import Maybe, Some, Nothing
def maybe_str(n: int) -> Maybe[str]:
    return Some(f"gerade:{n}") if n % 2 == 0 else Nothing
zahlen = (1,2,3,4,5,6)
ergebnis = map(
    lambda m: m.unwrap(),
    filter(
        lambda m: isinstance(m, Some),
        map(maybe_str, zahlen)
    )
)
```

Dies können Sie auch mit `stream` aus `pyxtension` verwenden, und Sie erhalten eine lesbare und pur funktionale Variante:

```
from pyxtension.streams import stream
from returns.maybe import Maybe, Some, Nothing
def maybe_str(n: int) -> Maybe[str]:
    return Some(f"gerade:{n}") if n % 2 == 0 else Nothing
zahlen = (1,2,3,4,5,6)
ergebnis = ( stream(zahlen)
    .map(maybe_str)
    .filter(lambda x: x != Nothing)
    .map(lambda m: m.unwrap())
    .toList() )
```

Wie gesagt, es ist durchaus pythonisch, wenn Sie `None` zurückgeben. Das Listing 3.2 sieht dann so aus:

```
from collections import namedtuple

User = namedtuple("User", ["name"])
def get_user_from_db(uid: int) -> User | None:
    return User("Max") if uid == 1 else None


def get_user(uid: int) -> User | None:
    if user := get_user_from_db(uid):
        print(user.name) # etwas mit user machen
        return user
    else:
        return None # kein user gefunden

get_user(1)  # macht etwas mit "Max"
get_user(0)  # macht nichts
```

Listing B.4 Ggf. »None« zurückgeben

In größeren Projekten kann sich aber `Maybe` aus `returns` lohnen. Für die Beispiele in diesem Kapitel beschränke ich mich auf `Optional` und `None`.

B.5.1 Komposition

In Python können Sie nicht beliebige neue Operatoren definieren. Daher existiert auch kein o-Operator.

Sie können `functions.compose` aus dem Modul `returns` verwenden. Wollen Sie dieses Modul nicht extra installieren, ist die eigene Definition aus Wikipedia leichtgewichtig genug:

```
from functools import reduce
def compose(*funcs):
    return reduce(lambda f, g: lambda x: f(g(x)), funcs)

plus_1 = lambda x: x + 1
doppelt = lambda x: x * 2
minus_3 = lambda x: x - 3
ergebnis = compose(plus_1, doppelt, minus_3)(10)

square = lambda x: x * x
neun = compose(square, len)("abc")
```

Listing B.5 »functions.compose()« selbst implementieren

B.5.2 Typklassen und Funktoren

In Python gibt es keine Typklassen. Eine `list` kann *immer* Elemente verschiedener Typen enthalten, so wie alle anderen Containerklassen wie `tuple` und `dict` auch.

Dennoch können Sie an jede Funktion eine Signatur schreiben, die mittels `typing` auch ähnlich wie die Typkonstruktoren in Scala aussieht. Das ist zwar nur eine Dokumentation, unterstreicht aber Ihre funktionale Absicht.

```
from typing import List, Optional, Callable

def find_in(names: List[str], matcher: Callable[str, bool]) -> Optional[str]:
    for name in names:
        if matcher(name):
            return name
    return None

is_karl: Function[str, bool] = lambda name: name == "Karl"
is_hans: Function[str, bool] = lambda name: name == "Hans"

names = ["Karl", "Hans", "Peter"]
karl = find_in(names, is_karl)
```

Listing B.6 Für Typannotationen von Funktoren gibt es »Function« und »Callable«.

Hinweis

Auch wenn Typannotationen wie `List[Int]` und `Optional[str]` in Python so aussehen wie die Typkonstruktoren in Scala, sind sie doch nur eine Dokumentation und Hilfsmittel für IDEs und *mypy*. Sie können damit keine Typklasseninstanzen definieren, wie Sie es in Scala mit `List[Int]` und `Option[Str]` machen können. Sie können aber durchaus Ihren funktionalen Programmierstil unterstützen.

Funktoren wie in Scala gibt es nicht, also keinen Typkonstruktor wie in Scala `List`, dem Sie einen Typen als Parameter übergeben wie `[Int]` und der daraus einen neuen Typ `List[Int]` macht.

Die Behälter Pythons sind also keine Funktoren im Scala-Sinn und haben keine Methode `map`.

Die erwähnten Bibliotheken `returns` und `pyxtension` definieren aber jeweils eine Funktion `map` für `Optional`, `stream` und die weiteren dort angebotenen Typen.

B.5.3 Von Monoiden zu Monaden

Statt der Funktion `foldLeft` aus Scala verwenden Sie in Python wie in Java `functools.reduce`:

```
from functools import reduce
def sumAll(xs: list[int]) -> int:
    return reduce(lambda a, b: a+b, xs, 0)
```

Ein mit Scala vergleichbares `flat_map` schreiben Sie besser selbst, wenn Sie es brauchen. Je nachdem, was Sie als Container(-Monade) nehmen, ist das *flattening* des Containers anders. Geht es nur darum, eine verschachtelte Liste von Ergebnissen *einzuebnen*, tut es auch `itertools.chain.from_iterable`.

```
import itertools

def flat_map(fn, items):
    return itertools.chain.from_iterable(map(fn, items))

def gen_num(num: int) -> tuple[int]:
    return tuple(range(num))

nums = flat_map(gen_num, [1, 2, 3, 4])
```

Hier wird nums zu (0,0,1,0,1,2,0,1,2,3), denn jedes gen_list() liefert ein Tupel. Das Zwischenergebnis wäre also ((0,),(0,1),(0,1,2),(0,1,2,3)). chain sorgt dafür, dass die Tupel zusammengefügt werden.

Handelt es sich bei Ihrer *Monade* nicht um ein Iterable, sondern um None, dann müssen Sie die ungültigen Elemente herausfiltern. Es ist durchaus pythonisch, wenn Sie None zurückgeben. Das Beispiel aus dem Kapitel sieht dann so aus:

```
from collections import namedtuple
User = namedtuple("User", ["first_name"])

def flat_map(fn, items):
    return [ item for item in map(fn, items) if item is not None ]

def get_user(id: int) -> User | None:
    return User(f"User-{id}") if id != 2 else None

users = flat_map(get_user, [1, 2, 3])

map_users = map(get_user, [1, 2, 3])
```

Ich habe hier zum Vergleich flat_map und map verwendet. Verwenden Sie map, enthält das Ergebnis noch die None-Werte.

Auch mit der Monade Maybe aus returns gehen Sie so vor:

```
from returns.maybe import Maybe, Some, Nothing

def flat_map(fn, items):
    return [ item for item in map(fn, items) if item!=Nothing ]

def get_user(id: int) -> Maybe[User]:
    return Some(User(f"User-:{id}")) if id != 2 else Nothing

users = flat_map(get_user, [1, 2, 3])

map_users = map(get_user, [1, 2, 3])
```

Während users am Ende keine None-Werte enthält, sind diese in map_users noch enthalten.

B.6 Codebeispiele zu Kapitel 4, »Funktionale Datenstrukturen«

Ich gehe nun darauf ein, wie Sie einige der wichtigsten Scala-Typen in Python abbilden können. Hier werden Sie meist auf Drittbibliotheken zurückgreifen.

B.6.1 Scala-Option wird Python-Maybe

Um die Beispiele von Abschnitt 4.1 über die Datenstruktur »Option« in Python nachbilden zu können, hilft es zu wissen, welche Typen die einzelnen Bestandteile der Listings haben. Das hilft dann auch zu verstehen, wie Sie mit Monaden arbeiten.

Hier ist das Scala-Fragment:

```
val customer = getCustomer(17) map { customer => customer.firstName}
```

Wie im Text erwähnt, liefert `getCustomer()` ein `Option[Customer]` zurück. Das `map`-Ergebnis ist dann ein `Option[String]`. Man beachte, dass die Funktion für `map` direkt von `Customer` nach `String` geht – also ohne `Option`, denn das ist ja der *Behälter*.

In purem Python würden wir mit `None` arbeiten, was aber keine Monade ist. Fallunterscheidungen würden sich durch den Code ziehen. Sie können natürlich mit den Implementierungen wie in Listing 4.4 und Listing 4.5 arbeiten. Eine komplette Implementierung finden Sie mit `Maybe` in `returns`:

```
from collections import namedtuple
from returns.maybe import Maybe, Some, Nothing

Customer = namedtuple("Customer", ["first_name"])

def get_customer(id: int) -> Maybe[Customer]:
    return Some(Customer(f"Peter")) if id == 2 else Nothing

some_customer = get_customer(2).map(lambda customer: customer.first_name)
no_customer = get_customer(17).map(lambda customer: customer.first_name)
```

Listing B.7 »Maybe«, »Some« und »Nothing« aus dem Modul »returns«

B.6.2 Scala-List wird Python-Stream

Python-Listen sind leider keine Monaden, aber Sie können mit `streams.stream` aus dem Modul `pyxtension` oder `streamerate` eine Monade daraus machen. Leider hat `stream` keine `flatten()`-Methode, also verwenden Sie dessen `filter()`-Methode. Da `Maybe` und stream nicht voneinander wissen, müssen Sie beim Filtern mit einem entsprechenden Prädikat nachhelfen:

```
from collections import namedtuple
from returns.maybe import Maybe, Some, Nothing
from pyxtension.streams import stream

Customer = namedtuple("Customer", ["first_name"])

customers = ( Some(Customer("Bob")), Nothing, Some(Customer("Lee")), Nothing,
Some(Customer("Rhonda")) )

result = stream(customers).filter(lambda x: x != Nothing).toList()
```

Listing B.8 Aus einer Python-Liste kann man eine Monade machen.

Das ist länger, als das eingebaute `filter(lambda..., customers)` zu benutzen, aber sobald Sie mehrere Operationen auf der `stream`-Monade ausführen, lohnt sich das Einpacken.

B.6.3 Scala-Try zu Python-Result

Einen Datentyp wie `Try`, der automatisch Exceptions abfängt, haben wir in Python nicht. Aber das Modul `returns` hilft mit `Result` und dem `@safe`-Dekorator aus.

```
from returns.result import Result, Success, Failure, safe

@safe
def divide(a: float, b: float) -> float:
    return a / b

match divide(3, 0):
    case Success(result):
        return result
    case Failure(error):
        print(error)
```

Listing B.9 Den Fehlerfall abfangen mit den Mitteln aus dem Modul »returns.result«

Eigentlich wirft `3 / 0` eine Exception. Die könnten wir in einem `try-except`-Block abfangen und entweder `Success(a/b)` oder `Failure(...)` zurückgeben. Das macht `@safe` für uns. Die dekorierte Funktion hat in Wahrheit als Rückgabetyp `Result[float, Exception]`.

Das zweite Beispiel für Try ist in Python nicht einfach nachzubilden. Es gibt natürlich in Python ein ähnlich mächtiges for wie in Scala, und es arbeitet auch mit Result zusammen, da dieses __iter__() implementiert:

```
from returns.result import Result, Success, Failure, safe

@safe
def to_int(s: str) -> int:
    return int(s)

st = next(
    a + b + c
    for a in to_int("9")
    for b in to_int("3")
    for c in to_int("6")
)
```

Listing B.10 Noch mal »returns.result« im Einsatz

Das klappt, weil in a, b und c der umgewandelte int steckt, denn __iter__() packt es aus der Success-Monade aus. Stand da aber zum Beispiel to_int("3.5"), dann ist das Ergebnis eine Failure-Monade, deren iter() die eingeschlossene Exception zurückliefert. Und die kann mit a + b + c natürlich nur scheitern.

Es gibt mehrere Möglichkeiten, dieses Problem funktional zu lösen. Da wir hier sowieso schon mit Result aus returns arbeiten, können wir die do()-Methode verwenden, die es in returns für jede Monade gibt:

```
st = Result.do(
    a + b + c
    for a in to_int("9")
    for b in to_int("3.5")
    for c in to_int("6")
)
```

Der Generator ist derselbe wie in dem for-Beispiel zuvor. do() ruft intern next() auf und fängt die Exception. Das Ergebnis ist dann eine Failure-Monade mit der eingepackten Exception. Trat keine Exception auf, ist das Ergebnis eine Success-Monade mit dem gültigen Wert.

B.6.4 Scala-Either mit Pythons Typflexibilität

Scala hat den Typ `Either`, der entweder einen Wert vom Typ `A` oder vom Typ `B` enthält.

In Python kann eine Variable *jeden* Typ annehmen. Fertig. Na ja, fast.

```
def divide(a: int, b: int) -> str | int:
    if b == 0:
        return "Kann nicht durch 0 teilen"
    else:
        return a / b


def main(a: int, b: int):
    match val := divide(a, b):
        case int(val):
            return val
        case str(val):
            return f"Der Fehler: {val}"
```

Listing B.11 Verschiedene Rückgabetypen für Erfolgs- und Fehlerfall

Hier ist natürlich nichts eine Monade. Also keine `map()`-Methode usw. Der Autor des Buchs schlägt für Python `Either` aus der Bibliothek *Oslash* vor. Liest man dort in der Dokumentation nach, steht da: *Represents either a successful computation, or a computation that has failed (Repräsentiert entweder eine erfolgreiche oder eine fehlgeschlagene Berechnung).* Das klingt nach `Result` aus `returns`. Und tatsächlich ist `Result` eine Monade, die entweder einen Wert oder eine Exception enthält. Also genau das, was wir brauchen. Sie können `Failure(...)` auch mit anderen Werten als Exceptions füllen.

B.6.5 Scalas List Comprehensions zu Pythons Generatoren mit »do«

Wir haben hier schon `do()` von `Result` kennengelernt, um die Scala-`for`-Schleife nachzubilden. Auch die anderen Monaden aus `returns` haben `do()`. So sieht das Listing 4.21 in Python aus:

```
from collections import namedtuple
from returns.maybe import Maybe, Some, Nothing


Student = namedtuple("Student", ["id", "email"])
FinalGrade = namedtuple("FinalGrade", ["grade"])


def get_student(id: int) -> Maybe[Student]:
```

```
    match id:
        case 1: return Some(Student(id, "jack@example.com"))
        case 2: return Some(Student(id, "andrea@example.com"))
        case _: return Nothing

def get_final_grade(student: Student) -> Maybe[FinalGrade]:
    match student.id:
        case 1: return Some(FinalGrade(3.5))
        case 2: return Some(FinalGrade(4.0))
        case _: return Nothing

result1 = Maybe.do(
     (student, final_grade)
    for student in get_student(999)
    for final_grade in get_final_grade(student)
)
result2 = Maybe.do(
     (student, final_grade)
    for student in get_student(2)
    for final_grade in get_final_grade(student)
)
```

Listing B.12 »Maybe.do« im Einsatz

In `result1` landet hier `Nothing`, in `result2` ein `Some` mit einem Tupel aus einem `Student` und dessen `FinalGrade`.

Im Code unterhalb von Listing 4.22 ist ein Scala-`flatten` zu ersetzen. Typischerweise beginnen wir mit einem Python-`Iterable`, also einer `list` oder einem `tuple`. Auch dort ist kein `flatten` zu finden – und selbst wenn, wüsste es weder, wie es aus `Some`s den `Student` herausbekommen soll, noch, dass es `Nothing` ignorieren soll.

Hier kommt die Hilfsklasse `Fold` von `returns.iterable` ins Spiel. Wenn wir einen einfachen Python-`Iterable` von gleichartigen Monaden haben, sammeln wir die »guten« mit `collect_all`. Die »schlechten« werden ignoriert. Im Falle von `Maybe` werden alle `Some`-Werte gesammelt, im Fall von `Result` alle `Success`-Werte.

```
from returns.iterables import Fold

students = (
    Some(Student(1, "jack@example.com")),
    Nothing,
```

```
    Some(Student(2, "andrea@example.com")),
    Nothing,
)

acc = Some(()) # leeres Tupel
result = Fold.collect_all(students, acc)
```

Listing B.13 »flatten« ersetzen

Am Ende ist `result` dann ein `Some` mit einem 2er-Tupel aus Student 1 und 2. Bestünde `students` aus `Nothing`s oder wäre es leer, wäre das Ergebnis `Some(())`.

Jetzt haben wir mit `result.unwrap()` ja wieder ein Python-`Iterable` und somit keine Monade mit einem `map()`. Hier tut es also das eingebaute `map()` (`emails1a`) oder eine List Comprehension (`emails1b`). Oder, wenn Sie voll funktional bleiben wollen, machen Sie einen `stream` aus `result.unwrap()`:

```
emails1a = map(lambda st: st.email, result.unwrap())
emails1b = [ st.email for st in result.unwrap() ]

from pyxtension.streams import stream
emails2 = (
    stream(result.unwrap())
    .map(lambda st: st.email)
    .toList()
    )
#Fold.loop(items, Reader.from_value(0), lambda x: lambda y: x + y)(...)
```

`result.umuwrap()` kann nicht fehlschlagen, da es hier kein `Nothing` sein kann.

In Ermangelung eines `flatten()` auf Python-`Iterable` und eines `stream.flatMap()`, das mit `Nothing` kooperiert, müssen wir für unser `flatMap`-Äquivalent unsere Rezepte für `map` und `collect_all` als `flatten`-Ersatz kombinieren:

```
st1 = (
    stream( (1,2,3) )
    .map(lambda id: get_student(id))
    .toList()
) # [ Some(Student(1,...)), Some(Student(2,...)), Nothing ]

acc = Some(())
st2 = Fold.collect_all(
```

```
    stream( (1,2,3) )
        .map(lambda id: get_student(id))
        .toList(),
    acc
) # Some( (Student(1,...), Student(2,...)) )
```

Eigentlich hätte `stream` ja eine `flatMap()`-Methode, aber das Problem ist, dass diese nur mit Pyhon-Listen als »Monaden« umgehen kann, um sie zusammenzufügen. Um den Wechsel durchzuführen, können wir eine Funktion `maybe_to_list` schreiben:

```
def maybe_to_list(st: Maybe[Student]) -> list[Student]:
    match st:
        case Some(st): return [st]
        case Nothing: return []

stx = ( stream( (1,2,3) )
    .map(lambda id: get_student(id))
    .flatMap(maybe_to_list)
    .toList()
)
```

Als Zwischenergebnis entsteht ein `[[Student(1,...)], [Student(2,...), []]`, und das kann `stream.flatMap()` zu `[[Student(1,...), Student(2,...)]` zusammenfügen.

Das ist nicht ganz das Scala-`flatMap` in einem Schritt, aber der Wechsel zwischen `returns`-Monaden und Python-Listen bzw. `streams` bedingt dies.

Solche Konverter brauchen Sie nur einmal zu schreiben, und dann können Sie sie immer wieder verwenden. Andere nützliche Konverter finden Sie zum Beispiel in `returns.converters` mit `maybe_to_result()` und `result_to_maybe()`.

B.7 Codebeispiele zu Kapitel 5, »Unveränderlichkeit im Detail«

Die Beispiele in diesem Abschnitt sind besonders interessant, weil sie das bisher Gelernte zusammenfügen und zu größeren Lösungen zusammensetzen.

B.7.1 Die verketteten Listen

Für nodeAppend aus Listing 5.5 nutzen wir das eingebaute `reduce` aus `functools`.

Was im Scala-Beispiel passiert, zeige ich noch einmal deutlicher:

```
val head = Node(0, None)
val node1 = Node(1, None)
val node2 = Node(2, None)
val node3 = Node(3, None)
val list1 = nodeAppend(head, node1)
val list2 = nodeAppend(list1, node2)
val list3 = nodeAppend(list2, node3)
println(list3)
```

Dies ergibt:

```
Node(0,Some(Node(1,Some(Node(2,Some(Node(3,None)))))))
```

Knifflig ist, dass wir immer den Kopf der Liste als erstes Argument bekommen, aber das neue Element an das innerste Ende der Liste gehört. Das ginge, wie im Text erklärt, rekursiv, aber mit `reduce` eleganter.

In Python nutzen wir zur Unveränderbarkeit einfach `namedtuple`, aber `@dataclass` oder `attrs` gingen auch:

```
from collections import namedtuple
from functools import reduce

# namedtuple ist immutable
Node = namedtuple('Node', ['data', 'next'])
# data : object
# next : Node | None

def node_append(node: Node, toAppend: Node) -> Node:
  def branch(hd, tl):
    match node.next:
      case None:
        return Node(node.data, toAppend)
      case Node(_, _):
        return Node(node.data, node_append(node.next, toAppend))
  return reduce(branch, node, toAppend)

head = Node(0, None)
node1 = Node(1, None)
node2 = Node(2, None)
```

```
node3 = Node(3, None)
list1 = node_append(head, node1)
list2 = node_append(list1, node2)
list3 = node_append(list2, node3)
```

Die Funktion, die wir reduce übergeben, ist länger als in Scala. Wir haben hier nicht den Luxus, dass das Scala-None die Rekursion beendet. Wir programmieren eine Fallunterscheidung.

Die Java-Beispiele in Abschnitt 5.2 sehen in Python sehr ähnlich aus. Da die Java-Streams eine Rolle in FP spielen, will ich das letzte Beispiel, Listing 5.15, kurz nach Python übertragen:

```
from pyxtension.streams import stream
import re
s = "Item1 10 Item2 25 Item3 30 Item4 45"
result = (
    stream(s.split(" "))
    .filter(lambda tok: re.match(r"\d+", tok))
    .map(int)
    .reduce(lambda x, y: x + y)
    )
```

Listing B.14 »filter« – »map« – »reduce«

Auch der klassischere Python-Weg ohne die externe streams-Bibliothek sieht dank List Comprehensions schon recht funktional aus:

```
from functools import reduce
result2 = reduce(
    lambda x, y: x + y,
    [ int(tok)
      for tok in s.split(" ")
      if re.match(r"\d+", tok) ]
    )
```

Abgesehen davon könnte statt des reduce sogar das eingebaute sum verwendet werden.

Die Beispiele aus Listing 5.20 bis Listing 5.22 können durchaus noch eleganter und Python-typischer geschrieben werden.

```
def length(lst):
    return 1 + length(lst[1:]) if lst else 0
def sum(lst):
    return lst[0] + sum(tail(lst)) if lst else 0
def tail(lst):
    return lst[1:]
```

Es ist in Python üblich, wenn `if` als Ausdruck verwendet wird, den Normalfall zuerst zu nennen und den Sonderfall mit `else` zu beschreiben.

B.7.2 Mehr zu Funktionen höherer Ordnung

In Python entspricht `all` der Scala-Methode `forall`. Den Rest erledigt man am einfachsten mittels einer List Comprehension mit einem Guard:

```
import math
def is_prime(n: int) -> bool:
    return (
        n > 1 and
        all(n % i != 0
            for i in range(2, math.isqrt(n)+1)
            )
    )
```

Praktischerweise liefert `isqrt` schon einen ganzzahligen Wert zurück. Das `+1` ist nötig, weil `range` das Ende nicht mit einschließt – für `n=49` ginge die Schleife nur bis `isqrt(49)`, was die `7` nicht mehr prüfen würde.

B.8 Codebeispiele zu Kapitel 6, »Nebenläufigkeit«

Konzepte, die Sie in Python nicht eingebaut finden, sind Aktoren und (Akka-)Streams. Sie sind aber nützlich und mittels Drittanbieterbibliotheken auch nutzbar.

B.8.1 Aktoren

Python hat exzellente Unterstützung für Nebenläufigkeit und Parallelität. Einer der größten Kritikpunkte ist jedoch der GIL (Global Interpreter Lock), der verhindert, dass im Python-Kern mehrere Threads gleichzeitig laufen. Das bremst die Parallelität.

Seit einiger Zeit – und voll im Trend aller Programmiersprachen – gibt es asynchrone Programmierung mit async und await. Das ist eine Art von Nebenläufigkeit, die in mehreren Threads laufen kann, aber nicht muss. Ich erwähne das hier nur der Vollständigkeit halber, denn es ist nicht funktional. Sie sollten es aber kennen, weil es aktuell breiten Einsatz findet.

Wollen Sie das im Text behandelte Aktorenmodell in Python umsetzen, können Sie zum Beispiel die Bibliothek pykka nutzen. Das ist eine sehr einfache Implementierung von Aktoren, die aber für die meisten Anwendungen ausreicht. Sie ist auch sehr einfach zu verstehen und zu nutzen. Die Dokumentation ist sehr gut.

```
from collections import namedtuple
from pykka import ThreadingActor, ActorRegistry

PingMessage = namedtuple('PingMessage', ["sender"])
PongMessage = namedtuple('PongMessage', ["sender"])
StartMessage = namedtuple('StartMessage', [])
StopMessage = namedtuple('StopMessage', [])

class Ping(ThreadingActor):
    def __init__(self, pong):
        super().__init__()
        self.pong = pong
        self.count = 0

    def increment_and_print(self):
        self.count += 1
        print("ping")

    def on_receive(self, message):
        self.increment_and_print()
        match message:
            case StartMessage():
                self.pong.tell(PingMessage(self.actor_ref))
            case PongMessage(sender):
                if self.count > 99:
                    self.pong.tell(StopMessage())
                    self.stop()
                else:
                    self.pong.tell(PingMessage(self.actor_ref))
```

```
class Pong(ThreadingActor):
    def on_receive(self, message):
        match message:
            case PingMessage(sender):
                print("  pong")
                sender.tell(PongMessage(self.actor_ref))
            case StopMessage():
                self.stop()

def main():
    pong = Pong.start()
    ping = Ping.start(pong)

    ping.tell(StartMessage())
```

Listing B.15 PingPongTest

Sie sehen, dass dieses Beispiel dem Scala-Beispiel sehr ähnlich ist. Die Unterschiede sind, dass Nachrichten keinen implizierten `sender` haben, weswegen wir diesen manchen Nachrichten explizit mitgeben.

Außerdem verwenden wir als Basisklasse `pykka.ThreadingActor` – aktuell die einzige konkrete `Actor`-Klasse in `pykka`. Denn `pykka` verwendet `threading`, und jeder `Actor` läuft in einem eigenen Thread. Nachrichten können dann entweder via `ask()` oder `tell()` gesendet werden. Während `ask()` auf eine Antwort (mittels `return`) wartet, ist `tell()` asynchron.

Einen Kontext, dem Bescheid gesagt wird, wenn ein `Actor` beendet werden soll, gibt es nicht. Das macht der Actor selbst mittels `stop()`. Beachten Sie, dass im Beispiel auch `ping.tell(StartMessage())` nicht wartet, sondern der Hauptthread einfach weiterläuft und am Ende wartet, bis alle `Actors` beendet sind. Sie können auf alle `threading`-Mechanismen zurückgreifen, wenn Sie es brauchen.

B.8.2 Von Akka-Streams zu Reaktiven

Das Beispiel zu den Akka-Streams aus Scala wird man in Python nicht mit Streams im Akka-Sinne implementieren. Wenn Sie schon `returns` benutzen, schauen Sie sich an, ob `pipe` und `flow` nicht auch schon ausreichen. Auch die Bibliothek `streams`, die Sie schon kennen würde gut lesbaren Code ergeben.

Aber am nächsten an das Akka-Beispiel kommen Sie mit der Bibliothek `reactivex` (vormals `rxpy`) heran. Die zugrunde liegenden Konzepte sind anders, das Ergebnis ist jedoch sehr ähnlich:

```
from os.path import abspath
from pathlib import Path

import reactivex as rx
from reactivex import operators as ops

length_zero_filter = lambda fn: Path(fn).stat().st_size != 0
exists_filter = lambda fn: Path(fn).exists()

source = rx.of("15a-fold.py", "16a-gleichz.py", "not-here.txt")
stream = source.pipe(
    ops.filter(exists_filter),
    ops.filter(length_zero_filter),
    ops.map(lambda fn: f"Absolute path: {abspath(fn)}")
)

stream.subscribe(lambda s: print(s))
```

Wie Sie sehen, verwenden Sie `source.pipe()`, und anstatt der `via()`-Aufrufe bietet Ihnen `ops` eine funktional-ähnliche Menge an Funktionen wie `map()` und `filter()`. Eine Senke brauchen Sie nicht, stattdessen verwenden Sie `subscribe()`. Daran sehen Sie, dass die Begriffe der reaktiven Programmierung entlehnt sind.

Die Bibliothek ist ausgereift und umfangreich und kann multithreaded und asynchron eingesetzt werden.

B.9 IO-Monaden

Um IO in Python rein funktional zu machen, benötigen Sie wieder eine Bibliothek. Hier empfiehlt sich wieder `returns`, die eine `IO`-Monade und weitere Infrastruktur mitbringt.

Allerdings funktioniert die `returns` IO-Monade anders als in Scala. Anstatt die Ein- und Ausgabe einfach in ein `IO`-Objekt zu packen, werden die *Ergebnisse* der Funktionen in eine `IO`-Monade gepackt. Das verhindert, dass Sie versehentlich eine *impure* Funktion in einem Kontext, der *pure* ist, nutzen.

Daher sieht das übertragene Beispiel etwas künstlich aus:

```
from returns.io import IO
from returns.unsafe import unsafe_perform_io

x = IO(lambda: print("Dude!"))

program = IO.do(
    (a(), b())
    for a in x
    for b in x
)
unsafe_perform_io(program)
```

Unser `IO` ist hier eine Funktion ohne Argumente (bzw. ein Lambda-Ausdruck). Würden wir hier `IO(print("Dude!")` schreiben, würde das sofort ausgeführt werden. Daher rufen wir im `IO.do()` dieses Lambda mit `a()` bzw. `b()` auf.

`program` ist ebenso wie in Scala nun eine `IO`-Monade, die wir dann – ähnlich wie in Scala – bewusst mit `unsafe_perform_io()` ausführen.

In einem tatsächlichen `returns`-Programm sieht das eher so aus (aus der Dokumentation):

```
from returns.unsafe import unsafe_perform_io

def index_view(request, user_id):
    user: IO[User] = get_user(user_id)
    return render('index.html', {'user': unsafe_perform_io(user)})
```

Die Methode `get_user()` liefert eine `IO`-Monade. `render()` aus einem hypothetischen Web-Framework erwartet aber ein `User`-Objekt. Daher müssen wir das `IO`-Objekt mittels `unsafe_perform_io()` auspacken und das Ergebnis an `render()` übergeben.

B.10 Wie geht's weiter?

Das bisher Gesagte gibt Ihnen einen Einblick in die Verwendung der funktionalen Programmierung in Python. Sie haben die verschiedenen Ebenen dieses Paradigmas kennengelernt und gesehen, wie es in der Praxis angewendet werden kann.

Wenn Sie sich für Scala entscheiden würden, befänden Sie sich in einer rein funktionalen Welt. Python hingegen ermöglicht es Ihnen, Funktionalität mit anderen Paradigmen zu kombinieren. Sie können die besten Elemente aus verschiedenen Programmierstilen auswählen und an den Stellen in Ihrem Code einsetzen, an denen sie den größten Nutzen bringen. Mit etwas Übung und indem Sie zusätzliche Bibliotheken verwenden, können Sie die Ausdruckskraft der funktionalen Programmierung weiter steigern.

Möchten Sie die Vorteile der Typsicherheit nutzen, sollten Sie MyPy in Betracht ziehen. Der Einsatz von MyPy lohnt sich in jedem Fall, selbst wenn Sie nicht vollständig auf funktionale Programmierung setzen. Sie werden feststellen, dass sich Ihre Denkweise beim Programmieren verändert. Plötzlich sind nicht mehr alle Variablen einfach Strings oder Integers. Die Einführung einfacher Hilfsdatentypen kann vor Fehlern schützen.

Wenn Sie Interesse an der Programmierung mit Monaden und Funktoren haben, können Sie auch das in Python umsetzen. In diesem Fall ist die Verwendung von MyPy unabdingbar, da Python eine falsche Verwendung von Funktionen nur dann erkennt, wenn die Typen statisch überprüft werden. MyPy wird Ihnen in solchen Fällen eine wertvolle Unterstützung bieten.

Ein besonders leicht zugängliches Element der funktionalen Programmierung ist die sogenannte *containerbasierte Programmierung*. Dies bezieht sich auf die Verwendung von Listen (oder Tupeln) und die Anwendung von Funktionen und Filtern auf die Elemente in diesen Containern. Wenn Sie Operationen wie `take`, `drop_while`, `map`, `filter` und `sort` auf Containern kombinieren, entwickeln Sie eine Denkweise, die stark funktional geprägt ist. In anderen Programmiersprachen sind ähnliche Konzepte unter verschiedenen Namen bekannt, wie *Streams* in Java, *Reactive* in JavaScript und *Pipelines* in C++. Auch in Python können Sie diese Ansätze nutzen. Darüber hinaus haben Sie nun gelernt, wie Sie Funktoren und Monaden in diese Art der Programmierung integrieren können.

Index

F

G

H

I

J

K

L

M

N

O

P

Q

R

S

T

U

V

W

Z

Unverzichtbare Skills für guten Code

Komplexe Systeme solide strukturieren, tragfähige Designs erstellen, robusten Code schreiben und wartbare Software liefern: Dafür brauchen Sie ein Repertoire, aus dem die Objektorientierung heute nicht mehr wegzudenken ist. Dieses umfassende und praxisnahe Lehrbuch hilft Ihnen, die Prinzipien der Objektorientierung zu verstehen und zur Basis Ihrer Arbeit zu machen. Mit vielen Praxistipps, UML-Diagrammen, Codebeispielen und Best Practices für alle wichtigen OOP-Sprachen.

688 Seiten, gebunden, 49,90 Euro, ISBN 978-3-8362-8317-5

www.rheinwerk-verlag.de/5289